Aguilar presenta

# PREGÚNTALE A SILVIA...
## Los secretos de Eva

# PREGÚNTALE A SILVIA...
## Los secretos de Eva

*Silvia Olmedo*

AGUILAR

Copyright © Silvia Olmedo 2009

# AGUILAR

De esta edición:
D. R. © Santillana Ediciones Generales, S.A. de C.V., 2009.
Av. Universidad 767, Col. del Valle.
México, 03100, D.F. Teléfono (55 52) 54 20 75 30
www.editorialaguilar.com.mx

Primera edición: febrero de 2009
Tercera reimpresión: octubre de 2009
ISBN: 978-607-11-0149-5

D.R. © Diseño de portada e interiores: Victor M. Ortíz Pelayo
D.R. © Ilustración de portada e interiores: Jenny Silva

Impreso en México

El espíritu de los García, el amor de los Mac Mahon y mi entrañable México hicieron Eva.
Vuestro perro verde, *your life*, la gachupa... os quiere.

# Índice

## Eva y el sexo

## *Broken hearts* o Corazones rotos

# La mente de Eva

# Eva no se ha acabado

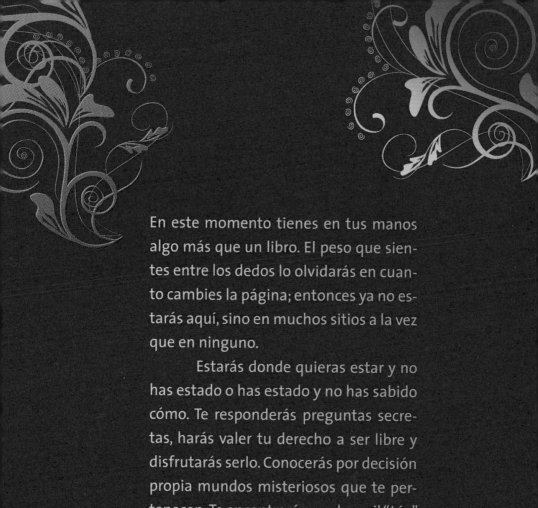

En este momento tienes en tus manos algo más que un libro. El peso que sientes entre los dedos lo olvidarás en cuanto cambies la página; entonces ya no estarás aquí, sino en muchos sitios a la vez que en ninguno.

Estarás donde quieras estar y no has estado o has estado y no has sabido cómo. Te responderás preguntas secretas, harás valer tu derecho a ser libre y disfrutarás serlo. Conocerás por decisión propia mundos misteriosos que te pertenecen. Te encontrarás con las mil "tús" que puedes ser y no has sido.

A partir de ahora el único peligro es que llegues a conocerte y hagas crecer tu poder de escoger y construirte.

# SOY EVA

# Guía rápida para saber quién es Eva

**S**on muchas las cosas que descubrirás sobre mí a medida que leas este libro, pero te haré una breve descripción de mí misma para que te hagas una idea. Pronto, en un parpadeo, sentirás que me conoces de toda la vida.

Mi nombre es Eva, tengo veintitantos años y soy una mujer única, pasional, un poquito (o más bien demasiado) intensa y algo desastrosa. No tengo novio, aunque los he tenido en el pasado –reales o imaginarios, no importa–. Como la mayoría de las mujeres, sueño con una casa, niños, una profesión que me lleve tan alto como merezco y un marido adorable que me cuide toda la vida. Colorín colorado... ¡como en el cuento!

Debes saber que prefiero referirme a mí misma como "mujer" y no como "chica" o "chava". De alguna manera me da más presencia, o eso creo yo. A veces pienso que me gusta hacerlo así porque, contrariamente al resto de mis amigas, tardé mucho en serlo; aunque, pensándolo bien, unas gotitas de sangre en las bragas no tendría que ser lo que me definiera como mujer. A mí me llegó la primera regla bastante tarde, ¡a los 15 años! Ese día fue el más feliz de mi vida, cuando vi esas tres gotitas en mi ropa interior –sí, tres gotitas y no el río rojo que me imaginaba–. Lo primero que hice, incluso antes de decírselo a mi mamá, fue llamar a mis amigas... ¡ya era parte del club de mujeres del que me había auto excluido durante tanto tiempo!

Mis lolas (también llamados pechos) tardaron años luz en salir, y debo confesar que los rellenos todavía son de mis mejores aliados cuando me enfrento a un escote.

También, para no variar, fui la última en perder la virginidad y, siendo honesta, tras perderla más que contenta me sentí aliviada y un poco desilusionada de no haber visto fuegos artificiales como me había imaginado... pero ésa es una historia muy larga que contaré más adelante.

Todavía no me he tatuado, no porque tema el carácter de eternidad que tienen los tatuajes; simplemente me aterra el dolor. Si me dejan escoger prefiero los diamantes, que también son para siempre y sólo causan dolor en la cartera de quien los paga.

También fui la última en viajar a Europa. La razón: mi madre quería que viajara con mi prima, que es tres años menor que yo. Qué momento tan alucinante. Pensaba que haría de niñera con ella y que, obviamente, me impediría conocer a todos esos galanes franceses que anhelaba encontrar: "¡Mamá, no me parece justo! ¡Cómo quedo yo ante los demás! Todas mis amigas van juntas o con sus novios y no con sus primas...". Nada, me forzaron a ir con mi querida primita "La Colador" (la llamo así porque está llena de aretes, jijiji).

Es una joven arrogante con una actitud terrible; se cree que porque tiene tatuajes y perforaciones tiene derecho a levantarme la voz.

La Colador me hizo el viaje imposible. Sólo como anédota: interfirió seriamente con mi agenda de citas a ciegas, ya que nos paraban en todos los aeropuertos por los detectores de metales y yo siempre llegaba tarde. Lo cierto es que una parte de mí se moría de envidia: ella siempre se las arreglaba para conocer galanazos a los que nunca me quiso presentar. Un día la descubrí con un grupito de mugrosos en  la playa. De castigo, la dejé encerrada en el hostal en el que estábamos hospedadas y luego fui a ver con qué tipo de galanes estaba hablando... lo hice sólo para asegurarme de que no hubiera estado en riesgo con semejante compañia. Creo que no me perdonó que me quedara con sus amigos mientras ella estaba encerrada. En cuanto volvimos a México le contó a mi mamá del día que me puse a bailar *La Macarena* en la mesa de un bar de Andalucía. Mi mamá, que nunca capta nada, jamás pensó que estuviera ebria y dijo: "No sabía que Evita supiera bailar flamenco".

Como nota final a esta historia, quiero dejar claro que, definitivamente, los europeos han perdido ese sentido de la caballerosidad que tienen los mexicanos (al menos mi prima La Colador y yo coincidimos en algo). Yo siempre he dicho que los hombres deben tener ciertas cualidades y la caballerosidad es elemento básico e im-pres-cin-di-ble.

Detesto a los que creen que la revolución feminista consiste en que ahora ellos deben entrar antes que tú al auto, no ayudarte a cargar la maleta, ser tacaños y llegar más tarde que tú a una cita... ¡Nooo!, les tengo una noticia, insignificantes elementos: la educación es algo que siempre está de moda.

Pero no todo sobre los hombres es negativo, no debemos ser amargadas; hay que quedarse con los momentos buenos que nos dieron... Además, crean lo que una amiga llama "momentos de oportunidad": nos abren la puerta a conocer sitios y personas que de otra manera no hubiéramos conocido. Por ejemplo, a Silvia la conocí gracias a un ex novio.

## De cómo conocí a Silvia Olmedo

En definitiva, siempre fui la última en todo hasta que, haciendo *zapping*, me encontré por pura casualidad con la que ahora es mi psicóloga de cabecera. Su nombre: Silvia Olmedo. Curiosamente la vi por primera vez en un programa dedicado a los complejos. Ella confesó en vivo que tenía complejo de lolas pequeñas. ¡Yo no lo podía creer!, hubiera jurado que eran falsas, ¡todas en la tele tienen lolas falsas! O al menos eso me parecía a mí.

Me enganché con esa mujer porque, contrariamente al resto de las psicólogas que aparecen en la tele, es imperfecta; incluso de vez en cuando el cabello se le encrespa o se le olvida quitarse la nota que se escribe en la palma de la mano para no olvidarse de algo. Eso me hace reír (¡yo también soy un poco despistada!). Claro que a veces, cuando se trata de cosas más densas, se me pone el ojo *remy* al escuchar los testimonios de otras chavas, o me muerdo el labio de abajo cuando habla de temas sexuales que me dan pena. Entonces le bajo el volumen a la tele y me acerco a la pantalla, para que nadie más escuche.

Un día decidí escribirle, tras haber tronado con uno de los hombres que más he amado. Eso fue en el verano de 2006. Mi correo era de desesperación, creo que me llevé como tres páginas. Me había enamorado de un puertorriqueño: surfista, pelo largo, hippie –pero limpio, ¿eh?–. ¡Ufff, qué hombre! Nos habíamos dado miles de besos y muchos abrazos; varias veces cuchareamos en la playita. Para aquellos que no saben lo que es cucharear, es abrazarse los dos tumbados: tú le das la espalda a tu chico y él te abraza, posición altamente recomendable. Un día frente al mar, mirando la Luna, yo le pregunté: "¿Qué piensas de nuestra relación?", y él respondió: "¿Qué relación?". Una voz en mi cabeza dijo: "Houston, tenemos un problema". Fue muy doloroso saber que no soy irresistible para los hombres de Puerto Rico... o quizá me encontré con el único que tenía mal gusto.

Volviendo a Silvia... a los 15 días entré a mi correo del *myspace* y me encontré con que Silvia Olmedo, la psicóloga más *cool*, me había escrito. ¡No lo podía creer! Cuando lo abrí había sólo una línea que decía: "¿Cómo se llama el nuevo novio?". Me quedé de piedra al descubrir que ella sabía que me había recuperado del trauma de mi puertorriqueño errante.

En definitiva, Silvia se encariñó conmigo. No me preguntes cómo me las arreglé; creo que me vió como un caso perdido o como su vida paralela, ya sabes, su bizarra, su doble inversa, su... ¿cómo se le dice al lugar que está justo en el punto opuesto de la Tierra?... Ay, en fin, lo cierto es que desde entonces nos escribimos todas las semanas.

Antes de seguir debo confesar que tengo un problema grave y es que tengo muchas personalidades, o como dice mi prima: "muchas caras". Siempre que la veo ella me pregunta: "¿Con qué cara viene Eva hoy?", y tiene toda la razón: por una parte quiero adaptarme, ser una buena chica, modosita, con novio serio, que sale a las premieres y las inauguraciones y conoce sitios nuevos. Por otra, hay veces que siento que me falta aire; ésta es mi Eva aventurera, una mujer que quiere escapar de la rutina, conocer distintos países, incluso irme de safari (una especie de Lara Croft). También existe la Eva reventada, la que no tiene pena de presentarse con el galán más guapo del grupo o acabar hasta las tantas de la noche en una *pool party* (también llamada "fiesta en la alberca").

Además está la Eva obsesa del *fitness*, la que va al gimnasio durante tres meses seguidos, pero después le da un poco de flojera y deja de ir; la que hace dietas para que le siente el bikini increíble y cuando se acaba el verano vuelve a comer sus taquitos al pastor.

Luego la Eva luchadora, con un profundo sentimiento de justicia, a la que le duele saber que hay gente que no tiene ni agua para beber o que el aire que respira está sucio, y toma la decisión consciente de hacerse acompañar por alguien más si va en coche, para contaminar menos y ahorrar más. La peor Eva aparece cuando ve un auto estacionado en la esquina que no deja cruzar a la gente con silla de ruedas o a las mamás con carritos. A veces su grado de frustración es tan grande que decide tomar cartas en el asunto y poncha la llanta del auto. (Sólo lo hice una vez y sé que estuvo muy mal...)

En cambio, la Eva profesional aspira a ser una gran empresaria y abrir una cadena de tiendas de comida orgánica que sepa rica de verdad y con un toque de estilo.

También está el *dark side* de Eva, su parte oculta, con envidias y temores que a veces la paralizan e incluso la hacen tartamudear.

La que menos me gusta es la Eva melancólica. Sí, hay días que me invade la tristeza, son pocos e inexplicables. No sé cómo expresarlos pero siento que nadie me entiende. Es un vacío difícil de describir... ¡Antípoda!, se le dice antípoda al lugar opuesto de la Tierra.

En definitiva, yo no sé quién soy. Tengo varias caras y vas a tener la oportunidad de conocerlas y elegir cuál de ellas te gustaría seguir. Lo bueno es que Silvia me hizo un manual de primeros auxilios que además de ayudarme a mí espero que te ayude a ti.

## Eva tiene un proyecto

Yo estoy de *junior* en una gran empresa de consultoría que crea conceptos para distintas marcas. Básicamente lo que hacemos es construir una historia sobre un producto para hacerlo único. Imagínate, la recepción de mis oficinas está mejor decorada que el Hotel Ritz y la utilizo para quedar con ex amigas y ex novios; así les doy envidia y ven que no soy Evita "La Lunática", ésa que no llegaría a ninguna parte.

## El ataque de pánico de mi jefe

Hace dos semanas mi jefe nos convocó a una reunión urgente. Si lo vieras te mueres. Es un hombre guapérrimo, alto, de mirada profunda, tan profunda que no puedes mantener una guerra de miradas: a los 10 segundos ya perdiste.

Lo más interesante de él es su inteligencia, siempre te hace una pregunta que tú no sabes contestar y te la responde de la forma más audaz. A veces pienso que tiene una batería preparada de preguntas y respuestas (seguro en realidad es un *nerd* que por las noches se pasa buscando datos curiosos y citas de personajes famosos en internet...). Yo estoy apuntando algunas de ellas para el día que sea jefa... jiji.

Ese día nos convocó a todos, tanto a los *juniors* como a los *seniors*. Parecía nervioso y hasta se veía medio desaliñado. Lo primero que dijo fue: "Ésta es una reunión urgente porque se nos ha dado la oportunidad única de ganar la mayor cuenta de la competencia. Necesito presentar un proyecto de generación de identidad de una marca de desodorante para gente de clase 'A'".

Para aquellos que no sepan de mercadoctenia, la población mexicana, y la del resto del mundo, fue dividida, por los estudiosos de la materia, en niveles socioeconómicos, o sea: la gente de mucha lana, los ricos, son clase A; los no tan ricos son clase B y así hasta F o G. En definitiva: ¿cómo le hacemos para que los ricos paguen 100 pesos por un desorante, cuyo valor real es de 10? Para mí es fácil, porque hago lo mismo: me compro ropa a bajo precio y le doy el valor añadido de mi presencia para que parezca que me he gastado una fortuna.

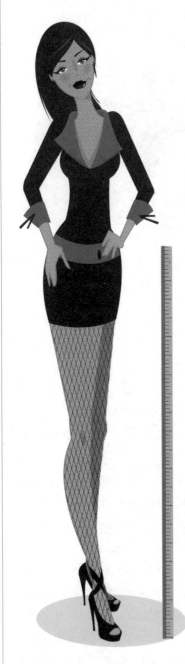

La presentación de mi jefe fue muy detallada, nos dio los objetivos del proyecto y nos dijo adónde quería llegar. También nos aclaró que la participación era completamente voluntaria, que la propuesta ganadora representaría a la compañía internacionalmente y que sería la mejor oportunidad profesional de la persona que ganara el proyecto. Lo cierto es que mientras explicaba los objetivos a mí se me ocurrían miles de ideas fantásticas para ese desodorante olor a menta... Además de que el proyecto era apasionante, era una oportunidad única para demostrar mi capacidad y aterrizar mis ideas lunáticas.

Ese entusiasmo se desvaneció en cuanto acabó la presentación. "Eva... despierta... –me decía mi yo sensato–. ¿No te das cuenta dónde estás? ¿Y con cuánta gente compites?".

Frente a mí estaba Laura "Piernas Largas", una mujer que además de ser egresada de una de las universidades más fresas de México, es hermosa, de buena familia y carismática. Pero eso no es lo peor: de toda la compañía ella es la que mejor presenta sus proyectos. Parece que no le cuesta trabajo, hace todo tan entretenido... Gracias a los dioses de todas las religiones, el próximo año se va a Boston a trabajar en un nuevo proyecto. ¡Camino libro!, digo ¡libre!

Luego está Camilo "El Nerd". Sabe todo sobre mercadotecnia, y lo único que le interesa es hacerte menos cuando haces un comentario: tú dices algo y él añade información increíble que hace a todos olvidarse de lo que dijiste antes. Quiere ser director de la compañía y, si es cierto aquello de que para llegar al poder tienes que ser un desalmado, entonces lo logrará. Tiene todas las habilidades para machacarte y ponerte en ridículo. A mí un día me hizo una muy fea: me envió un documento con un virus que dejó en coma a mi computadora y me obligó a repetir

tres días de trabajo. ¡Maldito mosco muerto!, digo ¡mosca muerto!, ¿mosca muerta?

Él es muy huraño, nunca comparte la información. Su punto débil es que se está quedando calvo (já) y ama lo británico, pésimo combo: cuando llega a la oficina con su gorro tipo Sherlock Holmes le digo: "El gorro no deja respirar al cuero cabelludo y acelera la calvicie." ¡Es cierto!, si alguien no se había enterado, ahora está al corriente. Cuando lo quiero molestar le guiño el ojo mientras le digo bajito: "Acuérdate de lo del gorro."

Sé que tengo mucho talento pero no tanta experiencia ni sé tanto como ellos, aunque lo peor es mi terrible problema, una faceta oculta que nadie conoce y que se llama: pánico escénico, terror a hablar en público. Sólo pensar en que tengo que hablar delante de mucha gente me hace sudar. Cuando soy el foco de atención mis piernas tiemblan, mi voz se corta; incluso he llegado a tartamudear... ¿cómo puedo ser la imagen de mi compañía con ese problema?

Recuerdo que una vez mi profesora de literatura me pidió pasar al pizarrón, delante de toda la clase. "Eva, ¿quién es el autor de *La divina comedia*?". Me apresuré y dije: "¡Dafne!". Uuups, me equivoqué, me di cuenta inmediatamente, pero era demasiado tarde: toda la clase se moría de risa, yo gritaba dentro de mí: "¡Dante, Dante, es Dante...!", pero ya no importaba, todo el mundo se reía a carcajadas. En ese momento mis piernas empezaron a temblar y el sudor cubrió las palmas de mis manos y la frente, notaba que la sangre me bombeaba fuertemente en la cabeza. Volví a mi sitio sintiendo en mi pecho la presión de todas esas miradas burlonas. Todavía la siento cada vez que hablo en público. Mi profesora también fue muy rápida en decirme: "Eva, siempre estás en la luna", y me quedé con el mote de "Evita la Lunática".

Se me ocurren muchas ideas para este gran proyecto. Además, podría hacer la presentación en un programa de gráficos al que le añadiría un toque muy actual.

## La decisión de Eva ☁

Estoy en una situación muy difícil. Llevo tiempo soñando con ganarme un lugar importante en esta empresa. Y tengo una idea fantástica para este proyecto, súper innovadora. Ésta sería mi gran oportunidad. Por otra parte, no presentar nada me garantizaría seguir de *junior* en la empresa, no avanzo, ¡pero no retrocedo! En cambio, si empiezo a temblar al momento de presentar el proyecto, si me quedo sin voz, si soy un fiasco que da una mala imagen... Me despiden, eso seguro.

Qué decisión más difícil, quisiera que se pusieran en mi lugar.

Si tú fueras Eva prepararías la propuesta y la presentarías sola ante tu jefe y el resto del equipo, arriesgándote a tener pánico escénico, hacer el ridículo y provocar que te despidan de la empresa. Si ésta es tu decisión, vete a la página 31.

Si tú fueras Eva, le propondrías a Laura Piernas Largas trabajar la propuesta juntas. Ella tiene mucha experiencia presentando. Parte del crédito, pero no todo, se lo llevaría ella, pero qué importa, el trabajo en equipo es muy valioso y puedes aprender mucho de alguien así. Además, tú eres *junior* y ella es una *senior* hecha y derecha, tiene la capacidad para presentar los resultados maravillosamente y de paso te ayudará a quitarte el miedo al público. Si ésta es tu decisión, vete a la página 35.

Si tú fueras Eva no harías una propuesta. Todavía eres de las *junior* de la empresa y te da mucho miedo presentar en público. Nadie espera esfuerzos heroicos de tu parte, y no tienes que hacerlo si no te sientes 100 por ciento preparada. No te puedes arriesgar a que te despidan. Seguro que habrá más oportunidades. Si ésta es tu decisión vete a la página 39.

Si no te importa mucho este aspecto de la vida de Eva pero **necesitas saber todo sobre la autoestima y sobre tus puntos vulnerables, aquellos donde tu autoestima es baja**, vete al *Manual de primeros auxilios sobre la autoestima*, en la página 44, donde Silvia Olmedo explica todo sobre el tema.

## Eva presenta la propuesta sola

Después de que mi jefe dio por concluida la junta y yo tomé un montón de notas, me fui a casa rápidamente. Allí empecé a darle forma a todas las ideas para el nuevo desodorante para ricachones. En el camino no podía dejar de pensar, me venían ideas una tras otra; sentía el corazón acelerado, mi mente iba a mil por hora. No podía esperar el momento de estar frente a la pantalla de la compu y entregarme a mis delirios de grandeza. Obviamente no quería compartir mis ideas increíbles con todos mis colegas ambiciosos y sedientos de éxito.

Cuando llegué a casa me fui directo al estudio, pero después cambié de sede, me eché sobre la cama para estar más a gusto y relajada. Me faltaba mucha información que, obviamente, Camilo El Nerd no quiso compartirme. ¡Eso me motivó aún más!, significaba que me consideraba una competidora peligrosa, jijiji, y que le daba miedo.

Como siempre he sido muy buena para la tecnología, tuve una idea increíble para evitar el tormento de presentar mi propuesta delante de todos: haría un video con mi voz *en off*, de tal manera que no tendría que enfrentarme a la terrible situación de hablar en público. Claro que estaría muy bien logrado, así, mis temores seguirían ocultos. La voz *en off* al final terminaría siendo parte importante del concepto de la publicidad para el producto.

Esa noche casi no dormí, y los días siguientes me los pasé conectada con mi grandiosa idea. Mis amigas me dijeron que parecía una combinación de zombi y poseída por el diablo. Además estaba ojerosa y hasta un poco más delgada... ¡Qué importa!, hay momentos para todo.

El gran día llegó. Conté con mis ojos 40 personas en esa gran habitación. Cuando mencionaron mi nombre, salí y, antes de decir nada, presioné *play* en la computadora. Todo el mundo calló y apareció mi presentación. Miraban con mucha atención, estaban enganchados con mi propuesta. Metí animaciones con Flash, asocié el concepto de clase con el aroma del desodorante... En definitiva, había 38 caras que expresaban aprobación y satisfacción, y dos en las que sólo se veía envidia: las de Camilo y Laura.

Al terminar, todos me aplaudieron. El director general vino personalmente a felicitarme. Entonces entendí cómo se sienten los directores de cine cuando ganan un Oscar.

Cuando me fui a sentar a mi lugar, mi jefe dijo: "Eva, no te vayas, tengo varias preguntas para ti". En ese momento empecé a sentir los latidos de mi corazón en la cabeza y el sudor me cubrió las manos. Lo primero que pensé fue: "Se van a dar cuenta de que me paniqueo, no sabré contestar lo que me pregunten". Mi jefe, de repente, dijo: "Vamos a darnos un *break* para el café y luego continuamos, Eva".

No sabía qué hacer, ¿y si me desmayo y finjo estar enferma?, ¿y si digo que un familiar mío se ha puesto mal y tengo que irme? ¡Qué hago, ésta es la peor situación de mi vida! Decidí escaparme e ir a la computadora a ver el *Manual de primeros auxilios* que me había mandado Silvia y, aunque no tiene una sección sobre "hablar en público", sí habla de autoestima y de los mensajes negativos que estaba mandando a mi cabeza. Tenía que sustituir esos pensamientos negativos de derrota por positivos, tales como:

"He hecho una maravillosa presentación".
"Si ellos me preguntan es porque están interesados".
"Respirar profundamente permitirá que mi cuerpo se relaje".

Cuando volvimos a la sala subí al podio y me enfrenté a las preguntas. No manejé la situación todo lo bien que me hubiera gustado, era evidente que el sudor me bañaba y tartamudeé bastante, por lo que me entraron unas ganas enormes de llorar. Me frené, pero se notó claramente que estaba nerviosa.

Tras presentar Camilo, Laura y siete personas más, mi jefe felicitó al proyecto ganador: el de Camilo.

Cuando dejaron la sala, mi jefe me llamó. "Eva, quiero felicitarte por tu buena propuesta. Todavía te falta experiencia en las presentaciones y noté que te pusiste nerviosa en la parte de preguntas y respuestas, pero la propuesta en sí fue fantástica. ¿Te importaría que tomáramos algunas de tus ideas para incluirlas en la propuesta de Camilo?". Yo le contesté que por supuesto que no... tenía problemas con ello.

Salí de la reunión con sentimientos contradictorios. Por una parte se dieron cuenta de mi gran capacidad para crear proyectos y de mi talento para este trabajo; por otra, descubrieron que me atemoriza hablar en público. Debo reconocer que si hubiera invertido el mismo tiempo que gasté en preparar el video, yendo a un psicólogo para que me ayudara a superar el miedo, probablemente la situación habría sido distinta. A veces gastamos demasiado tiempo dando rodeos a las cosas cuando la mejor opción es solucionarlas. Creo que debo enfrentar el miedo. Hoy mismo hablaré con la encargada de recursos humanos para que me oriente sobre quién me puede ayudar a no sentir ansiedad al hablar en público.

## Eva presenta con Laura Piernas Largas

Mi jefe dio por concluida la reunión y me fui a la cafetería. Me encantaba la idea de construir una propuesta y presentar un proyecto para la empresa. Sé que mis ideas siempre son muy buenas; de alguna manera me las arreglo no sólo para que sean originales, sino también prácticas, ése es un punto importante a mi favor. Mis padres siempre me han dicho que desde pequeña tengo la habilidad de cuadrar el círculo, soy como una corredora que salta obstáculos y mi principal cualidad es encontrar formas nuevas de hacer las cosas.

Camilo estaba hablando con algunos colegas y Laura lo hacía con alguien por el celular. Parecía triste. ¿Qué le pasaba a la mujer inquebrantable? No hacía más que tocarse el pelo y cuanto más tiempo sostenía esa conversación, más parecía que iba a llorar.

Me acerqué a ella mientras seguía pegada al celular, me miró y me dijo secamente: "¿Qué necesitas?". "Cuando acabes me gustaría platicar contigo", respondí. "Oki, pero me va a tomar un rato, si no te importa esperar un poco...".

¿Un ratito? ¡La esperé durante una hora! Yo la observaba: nunca antes me había fijado en que se comía las uñas, ni en que torcía ligeramente los pies para dentro. También descubrí que sus lolas eran más pequeñas que las mías, pero como siempre iba tan arreglada, no parecía.

Cuando dejó de hablar por télefono, le dije: "Lo estás intentando demasiado y no te va a pelar...", ella me respondió: "¿Cómo lo sabes?". "Lo noté, le repetiste tres veces que lo amas... Con una es suficiente, si él no te contesta, no insistas. Lo único que estás haciendo es perder los papeles. Te colgó, ¿verdad? Uff, te trae rebotando". "¿Qué sabrás tú de hombres?", me dijo secamente, aunque me miró de reojo con curiosidad. "Al menos sé lo que no hay que hacer, Laura Piernas Largas... "¿Qué?". Uff pensé en alto otra vez: "Se me escapó –dije– así te apodo". Laura me miró muy sería y luego soltó una carcajada. "¡Así me llamas, qué bueno! Siempre me sentí paticorta en mi casa, todas mis hermanas tienen unas piernas larguísimas, yo no las tengo tanto, por eso llevo mini-faldas." "Uff, pues consigues un efecto de piernas interminables", le dije.

Volvió a sonreír y ya más amigable añadió: "Me has hecho olvidar... bueno, ¿y para qué me esperabas, doña intensita?". "Me gustaría que hiciéramos el proyecto juntas. Tengo muy buenas ideas, pero sé que me falta experiencia. Además me da mucho miedo hablar en público". "¿Y qué saco yo de hacer el proyecto contigo?", preguntó Piernas Largas. Me dolió mucho su comentario, fue una puñalada en el pecho... así que le contesté: "¿Que qué sacas, Patilarga? Tu pericia en Power Point es nula, por eso a tus presentaciones les falta la buena imagen que tú tienes. Yo podría encargarme de la parte visual, además de que tengo muy buenas ideas, ¿no crees?". "¿Tan malas son mis presentaciones, Eva?" "Son rudimentarias, por no decir patéticas..." Uff, creo que fui demasiado sincera.

Trabajar con Laura Piernas Largas fue la mejor cosa que me pudo haber pasado. A ella le daba vueltas la cabeza muy rápido, estábamos haciendo el proyecto más increíble que jamás me hubiera imaginado.

Era muy reservada, no la volví a ver tan nerviosa nunca más, pero la notaba apática, había un pensamiento que la absorbía aún más que nuestro maravilloso proyecto... y ese algo la tenía muy preocupada.

El miércoles nos quedamos a trabajar hasta tarde. Acabamos como a las dos de la madrugada. El tiempo se nos pasó volando. Laura sabía que me daba pánico presentar, por eso acordamos que las dos estaríamos al frente durante la proyección, pero ella hablaría. Era la solución perfecta.

El día anterior al evento, me dijo: "Eva, te tengo que confesar una cosa que no te gustará". "¿Qué?". "No creo poder hacer toda la presentación, no estoy bien". Inmediatamente me enojé con ella, se me erizó el pelo como gato furioso, se me botaron los ojos y las venas del cuello se me ensancharon como cordones. ¡Estaba fu-rio-sa! No le di tiempo de explicarse, y le grité: "¡Sabía que me querías dejar en ridículo delante de

todo el mundo. Quieres que vean cómo tartamudeo, cómo sudo y tiemblo! ¡Te odio!". Laura me dijo: "Estoy embarazada de dos meses y tengo unas náuseas terribles, cada vez que me quedo de pie más de 10 minutos me desmayo. Lo peor no es eso, sino que el papá no quiere saber nada de los dos". "¿Pero no era tu novio?". "Sí, pretérito imperfecto, era, ya no, y quiero seguir adelante con mi decisión de tenerlo".

Me di cuenta de lo egoísta que había sido. Por una parte me sentía fatal sólo de pensar que tenía que hacer la presentación, pero me sentía aún peor por haber reaccionado así, ella sí que tenía problemas, a veces me encierro en mi pequeño mundo y no me doy cuenta de lo egoísta que soy.

Nunca había estado tan nerviosa, sentía que ni todos los dioses juntos podrían ayudarme. Al día siguiente, antes de empezar la presentación, Laura me apretó la mano y me hizo un guiño. Ella fue la primera en hablar, parecía que se sentía bien, la gente estaba muy entretenida. Noté que Laura se empezaba a marear y me escuché diciendo: "Yo presento esta parte, Laura". Me lancé al vacío y seguí con las diapositivas, ni yo me la creía. Estaba muy nerviosa, el sudor empezó a cubrirme, las piernas me temblaron y la cabeza me latía con fuerza. Alucinaba. Los nervios me hacían ver a Laura como una embarazada araña patona. Ella tomó la palabra y dijo: "Si me permites, presento yo las conclusiones,

Eva". ¡Wow! No podía creer que hubiera estado 10 minutos hablando frente a tanta gente. Al terminar la presentación, nuestros compañeros se levantaron a aplaudir, mi jefe dijo: "El proyecto es de ustedes". Mi primer impulso fue preguntarle a Laura: "¿Estás bien?". Ella dijo: "¡Claro que sí! Estaba de maravilla, pero si no hubieras pensado que estaba mal, no te hubieras lanzado... ¡Felicidades Eva!". Me dieron ganas de llorar, pero no quería echar abajo mi imagen de mujer *cool* delante de mis colegas, así que le di un abrazo.

Después, mientras todos estaban de pie comentando las presentaciones, me escapé un rato al baño de mujeres para darme un respiro. Sé que no es el mejor lugar para despejarse, pero en una oficina tal vez es el único para estar a solas. Me quedé pensando en lo sucedido. Sin duda: ¡lo logré!, bueno, lo logramos. La verdad no sé si lo hubiera hecho tan bien sola... Laura tenía razón, si ella no hubiese fingido sentirse mal, nunca me hubiera atrevido. Quizá si me hubiera mentalizado desde antes (días o semanas), me habría salido mejor. Supongo que tendré otras oportunidades para averiguarlo, pero aún me queda un gusanito.

Cuando tengamos que entregar la propuesta final, Laura tendrá seis meses de embarazo. Ella me dijo que me ayudaría a manejar la ansiedad durante el resto del proyecto, pero que tenía que ir a un psicólogo para aprender a lidiar con mi miedo a hablar en público.

## Eva decide no presentar la propuesta

Sé que soy capaz de hacer una buena propuesta. Probablemente tengo ante mí una de las oportunidades de mi vida, una con la que siempre soñé. Poder concretar mis ideas en un proyecto y presentarlo a la cúpula directiva de la compañía, de la que siempre he querido ser parte y en donde anhelo destacar, es mi sueño.

Pero lo he pensado mucho y no realizaré una propuesta. No sé lo suficiente, me falta experiencia y, seguramente, si me diera un ataque de ansiedad me despedirían. No creo que valga la pena arriesgarme en este momento. Ya se lo dije al director de proyectos y me ha quitado de la lista de participantes.

Cuando se lo comuniqué a mi jefe me sentía muy segura. Incluso al momento de salir de su oficina experimenté un gran alivio. Sin embargo, al llegar a casa me encerré en mi habitación e inmediatamente rompí a llorar. Cuando se me pasó, encendí la computadora y decidí explicarle a Silvia mi situación.

## *Mi querida Silvia*:

Aunque tú nunca me juzgas, tengo la sensación de que esta decisión no te va a agradar mucho. He optado por no presentar la propuesta. Se dice que todo el mundo tiene grandes oportunidades en la vida, pero que los que las aprovechan son los que alcanzan sus sueños. La realización de mi sueño se me presentó en bandeja de oro y la he dejado ir. Sé que ha sido una decisión adecuada porque no puedo pararme delante de toda la empresa y quedarme callada, temblando y sudando frío. Probablemente el año que viene tenga otra oportunidad como ésta. En el fondo, sé que me falta aprender mucho, así que aunque no tuviera este gran miedo a presentar, no lo haría porque carezco de la experiencia necesaria y mis colegas están mucho más preparados que yo.

A los dos días me escribió Silvia y me respondió lo siguiente:

# La respuesta de Silvia

Eva, las mentiras más grandes son las que nos decimos a nosotros mismos. ¿De verdad crees que no te presentaste porque te falta experiencia? ¿Estás dispuesta a perder esa gran oportunidad porque eres relativamente nueva en la empresa? ¿No crees que si tu jefe hubiera querido convocar a la gente con más experiencia hubiera excluido a los *juniors* de esa reunión? ¿Crees que vas a poder presentar el próximo año? ¿Qué estás haciendo para enfrentarte a ese temor?

Estás evitando enfrentar un miedo: hablar en público. Entiendo que no quieras presentar tu propuesta, pero no te veo reaccionando ante el problema real, lo evades. Amiga, necesitas lidiar con el miedo a hablar en público. Todavía no parece algo muy grave, ya que no te quedas sin respiración ni te desmayas. Sí, sientes temblores en las piernas y sudas, tartamudeas, pero eres consciente del motivo que lo causa. A ese recuerdo de cuando te equivocaste en la clase de literatura le estás dando un peso excesivo. ¿Cuántas veces estuviste en el pizarrón e hiciste las cosas bien? Recuerda esos momentos y no sólo el último. Piensa en cada situación de la que has salido victoriosa y te han felicitado.

Todas las decisiones tienen consecuencias y el llanto que siguió a tu decisión es una señal clara de que algo no va bien.

Sabes que eres completamente capaz de generar un proyecto maravilloso. No parece que tengas un problema de baja autoestima, ya que estás bastante segura de tus

ideas. Ahora te toca lidiar con el miedo que te frena y te impide mostrar toda tu grandeza.

Racionaliza tus emociones: la gente que te verá presentar escuchará lo que tú digas. Así que centra la atención en lo que quieres decir, no en lo que la gente piensa de ti mientras hablas.

Si lo que ha pasado en tu oficina sirve para que enfrentes tu ansiedad a hablar en público, aunque no te asignen el proyecto, habrás dado un gran paso y eso es suficiente. Si ves que no puedes sola, ve a un psicólogo. Eva, en pocas sesiones notarás mejorías. Ah, y no olvides los siguientes *tips* para presentar en público.

## Tips para las presentaciones en público

↗ Habla despacio y claro.

↗ Respira profundamente.

↗ No te mandes mensajes negativos al momento de hablar, en lugar de eso piensa: "Tengo una gran capacidad creativa y la voy a demostrar".

Además, te recomiendo que leas la sección de autoestima del *Manual de primeros auxilios* que te mandé, en ella podrás identificar la faceta específica de tu personalidad donde existe una autoestima más alta o más baja. No permitas que el problema te paralice, hoy es un buen día para empezar a superarlo.

# Manual de primeros auxilios sobre la autoestima ✚

## ¿Qué es la autoestima?

La autoestima es el valor que nos damos a nosotros mismos; la forma en que nos percibimos y la manera en que nos sentimos respecto de nuestras capacidades, habilidades y defectos. Es importante saber que las personas tenemos distintas facetas de personalidad y que constantemente nos autoevaluamos respecto a cada una de ellas.

Todos tenemos un lado que tratamos de ocultar porque de alguna manera nos causa insatisfacción. En esa faceta probablemente tengamos una autoestima baja. Digamos que hasta cierto punto es "normal". Muchos de nuestros problemas pueden ser consecuencia de una baja autoestima, pero la situación es grave cuando tenemos autoestima baja en todas las facetas de la personalidad. En esos casos es muy recomendable acudir a un psicólogo, ya que es muy difícil cambiar solo esa autopercepción.

### Autoestima baja

Hay personas con autoestima baja, eso quiere decir que la percepción que tienen de sí mismos es negativa. Otras tienen una autoestima alta, eso es que su valoración personal es favorable.

Las consecuencias de una autoestima baja son destructivas en todos los casos. Las personas con esta condición tienden a predecir el fracaso antes de intentar algo;

por ello, generalmente se paralizan y si comienzan las cosas las dejan a medias, convencidas de que no lo harán bien. En definitiva, la baja autoestima impacta en la felicidad porque es un freno para el logro de objetivos.

Es cierto que todos tenemos defectos o cosas en las que no somos tan buenos, pero también es cierto que no hay una persona que sea buena en todo.

## CARACTERÍSTICAS QUE PUEDE TENER UNA PERSONA CON BAJA AUTOESTIMA

- Desprecia sus virtudes.
- Demasiado autocrítica.
- No toma en cuenta los halagos, pero sí las críticas.
- Opta por las decisiones de los otros, aunque crea que su opinión es correcta.
- Actúa a la defensiva.
- Se siente despreciada con frecuencia.
- Siente que tiene menos valor que los demás.
- No está conforme con su cuerpo.
- Desearía ser otra(s) persona(s).
- Constantemente se manda mensajes internos negativos.

Es importante identificar en qué áreas nuestra autoestima es más baja y cómo justificamos esa percepción de nosotros mismos.

Cuando una persona tiene autoestima baja en todas las facetas de su personalidad, corre el riesgo de ser muy infeliz e incluso de caer en una enfermedad mental. Sin embargo, la mayoría de nosotros tenemos una autoestima baja en alguna de nuestras facetas. Si únicamente pasa en una, a no ser que ésta sea muy baja, no es un gran problema, pero sí puede interferir con nuestra felicidad. Más adelante encontrarás un *test* para ver en qué aspectos de tu personalidad tu nivel de autoestima está a la baja, así podrás trabajar en ella.

## Autoestima (demasiado) alta

Hay gente que es poco realista con respecto a sus capacidades y las sobrevalora. Estas personas, al creer con tal fe en una o varias de sus habilidades, tienden a frustrarse menos, y al intentar mucho más, logran más cosas que el resto. Un claro ejemplo son algunos artistas que con voz de gallo han alcanzado la cuotas más grandes del éxito. Creen tantísimo en su talento que son capaces de intentarlo muchísimas veces más que los otros.

También pueden sufrir grandes decepciones al chocar de frente con la realidad de sus capacidades.

## LA BAJA AUTOESTIMA FÍSICA

En toda la historia de la humanidad nunca habíamos estado tan sanos y guapos como ahora. Paradójicamente, jamás la gente se había sentido tan insatisfecha con respecto a su físico como hoy. Esto se debe a que nos comparamos con cuerpos y caras que no son reales. Los modelos corporales de la publicidad y los medios de comunicación, además de pasar horas incontables en el gimnasio, cuentan con hadas o hados madrinas que manipulan sus fotografías en Photoshop o programas similares. Eso quiere decir que tu novio, cuando te compara con cualquier actriz o cantante, no está comparándote con alguien real, sino con alguien a quien convenientemente le han manipulado la imagen en la compu.

El otro problema es que los ideales de belleza se han vuelto completamente imposibles. El peso de la mayoría de las modelos está muy por debajo del ideal, tan es así que muchas de ellas no tienen ni la regla. No sé si sabían que si una mujer no tiene 20 por ciento de grasa corporal, deja de reglar, ya que su cuerpo le dice que no se puede embarazar al no tener la suficiente grasa. Para colmo, el ideal de mujer es ser flaca, pero con unos pechos de copa D. Esto es casi imposible, a no ser que te hagas cirugía plástica.

La mayoría de las mujeres que tienen baja autoestima se comparan con esas mujeres irreales, de ahí que ahora existan tantos trastornos alimenticios como la anorexia o la bulimia.

## Cuando tu cuerpo no es perfecto

Es obvio que todos tenemos características físicas que no nos gustan. Obviamente nadie tiene un cuerpo perfecto, pero hay gente que se obsesiona con una parte de su cuerpo que no es tan bonita. Eso hace que no dejen de pensar en ella y, al final, acaben obsesionándose con ese único defecto. Lo peor es que al estar centrados en tapar esa imperfección, se vuelve más obvia. Como ejemplo: la típica amiga que se tapa la boca al sonreír o al hablar porque sus dientes están separados. Lo que consigue es que nos centremos sólo en la boca para ver por qué se la tapa.

Si aceptáramos esa pequeña imperfección como una característica de nuestra personalidad, la gente la vería como un elemento singular y bello. El mejor ejemplo:

Madonna. Ella nunca trató de ocultar sus dientes frontales, haciendo de la separación entre ellos un rasgo atractivo.

## SER MUJER Y LA BAJA AUTOESTIMA

Tendemos a comportarnos como la gente espera. Por eso, cuando se crean estereotipos, se reproducen hasta que, eventualmente, se vuelven una norma. Por ejemplo, en muchos países los noticieros mencionan la nacionalidad o el origen étnico de los criminales sólo cuando son extranjeros o pertenecen a una minoría social. El mensaje que se manda es: "Si eres de esa cultura o nacionalidad, es de esperar que te comportes más agresivamente". Por ello es muy importante que no se asocien defectos a culturas, nacionalidades, etnias, etcétera, porque entonces la gente comienza a comportarse como los demás esperan. De ahí la importancia de que existan mexicanos como Lorena Ochoa y Ana Guevara, y un afroasiático como Tiger Woods, que rompan prejuicios en cuanto a género, cultura o nacionalidad.

Eso mismo nos pasa a las mujeres: a lo largo de la historia se nos ha dicho que no servimos para pensar. Hasta hace poco, las mujeres no iban a la escuela ya que eran consideradas seres inferiores. Todavía hay carreras, como las ingenierías, en las que el porcentaje de mujeres es mucho menor. Hay gente que cree que los hombres son más aptos para puestos directivos; lo peor es que las propias mujeres lo piensan, por lo que cuando llegan a cierta jerarquía en la empresa no aspiran a más, ni siquiera lo intentan. Desgraciadamente, el límite nos lo imponemos nosotras mismas al pensar que el hombre es más capaz.

Hasta los grandes chefs son hombres y la razón es que a ellos se les educa y se les dice que son capaces de todo.

Es importante no sabotearnos a nosotras mismas. Hay cosas que a las mujeres nos puede costar más trabajo por nuestra condición física, pero nunca es excusa para pensar que no somos capaces o que para un hombre es más fácil lograrlo.

## CÓMO PUEDE IMPACTAR LA FAMILIA EN UNA BAJA AUTOESTIMA

La familia impacta enormemente en nuestra autoestima. Esto se debe a que desde pequeños los padres generan expectativas sobre los hijos; por eso los motivan a realizar aquello para lo que los consideran aptos, o lo que les gustaría que fueran, y los desalientan a hacer aquellas cosas para las que no los consideran adecuados o que les desagradan; claro, su intención no es generar daño, a veces incluso lo hacen por protección.

Cuando los padres piensan que su hijo no es bueno para algo, dicen: "Te dije que no servías para eso", y quizá se equivoquen, tal vez el hijo sólo lo ha intentado un par de veces, muy pocas para comprobar si es bueno en algo. Sin embargo, lo más seguro es que se quede con esa idea y no lo vuelva a probar. En definitiva, generalmente nos comportamos como nuestros papás esperan y, en muchos casos, no de acuerdo con nuestras capacidades. Cabe decir que también puede pasar al contrario: que el hijo construya una alta autoestima a partir de la opinión o los deseos de sus padres. Es posible que si los padres sueñan con que su hijo sea músico, cualquier intento de tocar un instrumento o, incluso, al dar las primeras palmaditas de bebé, los papás lo lean como un gusto innato por la música, alentándolo a continuar.

Lo mismo pasa con la posición que cada hijo ocupa según el orden de nacimiento: no es casualidad que los hermanos mayores tiendan a ser más responsables. Esto se debe a que constantemente se les repite que ellos son mayores y son los que tienen que cuidar del resto. En cambio, de los pequeños se espera que sean menos responsables y por ello tienden a serlo. En definitiva, se comprueba que nos comportamos como se espera que lo hagamos.

Una vez que se cree ser malo para algo, hay una voz interna que lo recuerda constantemente. Es importante frenar esa dinámica. Por eso, cuando pienses que no eres bueno para algo, reflexiona hasta qué punto lo has intentado, si es suficiente, o si has llegado a creer lo que te han dicho constantemente sobre ti y tus capacidades.

## LA BAJA AUTOESTIMA Y LA INTELIGENCIA

Hasta hace poco tiempo una persona era inteligente cuando sabía solucionar problemas matemáticos complejos, o si era buena para cierto tipo de cálculos. Aquellos que no sobresalían en este sentido no eran considerados tan inteligentes o se les calificaba de tontos.

Las cosas han cambiado mucho y ahora se considera que hay varios tipos de inteligencias. Una inteligencia lógica, que tiene que ver con la capacidad de llegar a una solución lo antes posible; una inteligencia emocional; una inteligencia creativa; intuitiva... Actualmente hay un sinfín de formas para demostrar el talento. También existe una inteligencia más artística, que es la que tienen los músicos.

En definitiva, si quieres hacer un balance real de tu personalidad debes encontrar la "inteligencia" en la que más destacas y desarrollarla al máximo, porque es tu don. En cambio, debes asegurarte de trabajar suficientemente en las áreas que se te dan peor, para que al menos puedas resolver los problemas a los que te enfrenta la vida diaria, pero no te agobies si no resultas ser la primera potencia en ellas.

## Cómo mejorar mi inteligencia

Obviamente, la inteligencia tiene un factor innato que la define; es decir, hay personas que nacen con capacidades excepcionales y otras que... no tanto. Pero la mayoría podemos alcanzar un mínimo más que suficiente para realizar nuestras actividades y también hacerlas crecer.

Explicaré un poco, de manera metafórica, en qué consiste la inteligencia. Imagina que es como una cesta de naranjas. Si guardaras 10 kilos de esta fruta en tu cabeza, potencialmente, al exprimirte el cerebro se obtendrían 10 litros de jugo. Sucede que mucha gente tiene un cerebro equivalente a 10 kilos de naranjas y como no se exprimen bien o no se sacan partido, sólo obtienen tres litros de jugo. Esto puede pasar porque son holgazanas, porque están poco motivadas o porque piensan que no valen, o sea, por que su autoestima es baja.

En cambio, hay gente cuyo cerebro tiene el equivalente a cinco kilos de naranjas y sacan cinco litros de jugo. Eso quiere decir que aunque no tengamos un talento especial, con trabajo y con autoestima alta podemos fortalecer a tal grado una capacidad, que supere a la de alguien cuya capacidad innata es mayor.

**Los tips para combatir la baja autoestima respecto de la inteligencia**

- ↗ Recuerda que no hay una inteligencia: hay muchos tipos de inteligencia.
- ↗ Desarrolla aquella faceta de tu inteligencia en la que eres mejor.
- ↗ Esfuérzate por mejorar aquellas habilidades que no has desarrollado.
- ↗ Cree en ti; antes de intentar cualquier cosa repítete: "lo puedo hacer".
- ↗ Busca la parte bonita de aquellas cosas que se te dificultan.

# IMPACTO DE LA BAJA AUTOESTIMA Y TU RELACIÓN CON LOS HOMBRES

Una de las cosas que más atrae a los hombres de una mujer es la coquetería. El coqueteo de alguna manera es mostrar al hombre que tienes algo bonito. Parte del juego de la seducción implica seguridad. Cuando nuestra autoestima es baja, se nos hace casi imposible coquetear porque no nos consideramos suficientemente atractivas.

## Autoestima y relaciones de pareja

Quién no tiene una amiga que dice: "Yo tengo mala suerte con los hombres", "A mí todos los hombres me dejan" o "A mí todos los hombres me ponen los cuernos". Lo cierto es que hay poca gente que haya tenido exclusivamente experiencias positivas con sus parejas. Unas veces dejamos y otras nos dejan, así es la vida, el problema es cuando sólo recuerdas los fracasos y les das más importancia de la que merecen.

Cuando nos dejan, tendemos a pensar que es porque hicimos algo mal o porque no somos suficiente para esa persona. En el momento en que empezamos a mandarnos mensajes internos de que no somos suficientemente atractivas (en cualquier sentido) para nuestra pareja, golpeamos nuestra autoestima. De las relaciones anteriores debemos aprender, pero nunca asumir que lo que nos pasó con una pareja sucederá con otra y, sobre todo, que si nos dejan es porque no somos suficiente. La relación de pareja es cuestión de dos y, obvio, ambos podrían haber hecho las cosas mejor. Pero volvamos a la amiga, quizá este tipo de mujer haya tenido mala suerte una vez, pero tras la ruptura, en vez de empezar desde cero, conserva toda su experiencia y cree que la siguiente relación también se irá a pique. Al iniciar, debemos ser conscientes de que estamos con una persona distinta, y, por ello, hay que darle las mismas oportunidades que al primer hombre con el que salimos.

## CÓMO DETECTAR QUE TIENES UNA BAJA AUTOESTIMA EN TU RELACIÓN CON LOS HOMBRES

- Crees que no eres lo suficientemente bonita para tu pareja.
- Piensas que tu pareja se merece a alguien mejor.
- Tienes celos de todas las mujeres.
- Haces cosas que no te gustan con tal de complacerlo.

Realiza el siguiente *test*. Te ayudará a verificar el estado de tu autoestima general, y el de la de las distintas facetas de tu personalidad. Esto es sólo una orientación, un psicólogo es quien mejor te puede ayudar a evaluar tu autoestima.

## ¿CÓMO ESTÁ MI AUTOESTIMA?

¿Quieres saber cómo anda tu autoestima, en qué facetas de tu personalidad es baja y en cuál es alta?
Elige una sola opción, la que mejor refleje tu forma de pensar respecto de cada pregunta.

1. Eres invitada a una fiesta fresa y tienes que ir por compromiso. Entras y te sientas en una mesa donde te descubres rodeada de modelos. Todos te miran con insistencia.
¿Qué piensas?
a) Seguro me miran porque soy la feíta de la mesa.
b) Me pusieron en la mesa de los guapos, ¡soy la envidia de la fiesta!
c) Menos mal que no soy tan alta como estas mujeres, no podría llevar tacones.

2. Ves a alguien del sexo opuesto, es muy atractivo y te gusta. ¿Qué piensas?
a) No vale la pena acercarme. No se fijará en mí, mis amigas son más bonitas y yo tengo un grano en la nariz.
b) Me pregunto cuáles serán sus aficiones, para así tener algo interesante que decirle.
c) En cuanto me acerque, seguro iniciamos una buena conversación; el resto será más fácil.

3. Tu pareja te deja y te dice que ya no te ama...
¿En qué piensas?
a) Lo hizo porque no soy suficiente para él. Nunca encontraré a alguien que me ame.
b) Me entristece que terminara nuestra relación, pero hay que seguir adelante.
c) A la larga, él se la pierde.

4. Has reprobado un examen. ¿Qué piensas?
a) No sirvo para nada.
b) Debí estudiar más.
c) Qué mala suerte, no me preguntaron lo que sabía.

5. Tienes una entrevista de trabajo y, tras el proceso de selección, te dicen: "Lo sentimos mucho pero el puesto ya fue ocupado". ¿Qué piensas?
a) Sabía que no obtendría el puesto, no soy lo suficientemente inteligente.
b) Soy inteligente, quizá mi perfil no se adaptó a las características del puesto. Debo intentarlo más en otras compañías.
c) No saben la oportunidad que perdieron al no contratarme.

6. Estás en una comida familiar, todos en la mesa hablan a la vez. Tu papá quiere decir algo, te mira y te pide guardar silencio. ¿Qué dices?
a) Siempre me callan a mí, no al resto.
b) ¿Por qué me callas a mí papá? Todos estábamos hablando.
c) Yo estaba hablando antes que tú, ¿me dejarías terminar?

7. En una fiesta, un amigo de la familia te pregunta si quieres participar en un concurso de baile. Te encanta la idea, pero tu madre, quien escuchó, interviene: "Su hermana mayor tiene mejor ritmo". ¿Qué haces?

a) Dices: "Sí, soy muy torpe, mejor invita a mi hermana".

b) Aceptas y dices entre risas: "Tomaré clases para mejorar los pasos de baile".

c) Piensas: "Siempre supe que alguien vería mi talento oculto, seguro que podemos ganar el concurso".

8. Estás en una reunión con amigos, uno saca un juego de mesa en el que se mide la inteligencia. ¿Qué piensas?

a) ¡Oh, no!, no acertaré ninguna respuesta, todos sabrán lo tonta que soy.

b) Soy mala para los conocimientos de memoria, pero al menos aprenderé un poco.

c) Seguro que sé la mayoría de las respuestas.

9. Estás en una boda familiar. El padre del novio pide que alguien baile con él, te mira y te señala. Tu acompañante dice: "Ni se te ocurra, con lo mal que bailas". ¿Qué piensas?

a) Tiene razón, mejor no hacer el ridículo, soy pésima bailando.

b) Me levanto a bailar para que no piense que lo rechazo.

c) Quizá aprenda algo de baile; esto es una fiesta, al menos la pasaré bien.

10. Amas a tu novio con locura, pero él llegó una hora tarde a la cita. Cuando le preguntas la razón dice que no quiere dar explicaciones y que si insistes se marcha. ¿Qué haces?

a) No le dices nada y cambias de conversación, lo último que quieres es que se vaya.

b) Le preguntas: "¿Cómo te sentirías si yo te respondiera de la misma forma?"

c) Le dices: "Me debes una explicación por llegar tarde, no te mereces estar conmigo y te vas".

11. Tu novio te confiesa que te fue infiel. Dice que se arrepiente y que te ama sólo a ti. ¿Qué haces?

a) Nada, esperabas que te fuera infiel, hay mujeres mejores que tú para él.

b) Dudas, te preguntas qué pasó para que te fuera infiel. Como está arrepentido, si lo puedes perdonar podría volver a funcionar la relación. Necesitas pensar antes de tomar una decisión.

c) Terminas con él, a ti nadie te pone los cuernos. No te merece.

12. Tienes cinco kilos de más, un poco de pancita y has quedado con tus amigas y amigos en ir a Acapulco. Deberás ponerte traje de baño. ¿Qué haces?

a) Les dices que no quieres ir para evitar que te vean en traje de baño.

b) Te compras un pareo, te lo pones a la cintura para que resalte tus curvas, tu pecho y disimule la pancita.

c) Te pones un bikini con tanga, nada evitará que tengas un bronceado intenso.

## Cómo analizar la puntuación

Antes de seguir, recuerda que este *test* es una ayuda para que identifiques algunas áreas a reforzar; aquí no se incluyen todas.

**Respuestas**

- Si respondes a, añade un punto (corresponde a una autoestima baja en esta faceta).
- Si respondes b, añade 2 puntos (corresponde a una autoestima adecuada).
- Si respondes c, añade 3 puntos (corresponde a una autoestima demasiado alta).

Ahora vas a evaluar cómo estás en cada una de estas facetas. Si de las 3 preguntas por cada faceta puntúas de 3 a 5 puntos, tu autoestima es baja. Si puntúas de 6 a 7, tu autoestima es adecuada. Y si te da una puntuación de 8 a 9, tu autoestima en esta faceta puede ser demasiado alta y te puedes confiar.

Cuando acabes de contar los puntos, pon una X en la categoría donde hayas quedado, así podrás ver qué áreas de tu autoestima están más bajas. Si en la mayoría de ellas es baja, o muy alta, plantéate ir al psicólogo.

# Análisis de autoestima. Pon una X donde crees que te ubicas

| Facetas donde se mide la autoestima | BAJA | ADECUADA | DEMASIADO ALTA |
|---|---|---|---|
| ASPECTO FÍSICO<br>(preguntas 1, 2 y 12)<br>Si puntúas:<br>3, 4, 5 **baja**<br>6 ó 7 **adecuada**<br>8 ó 9 **demasiado alta** | | | |
| FAMILIAR<br>(preguntas 6, 7 y 9)<br>Si puntúas:<br>3, 4, 5 **baja**<br>6 ó 7 **adecuada**<br>8 ó 9 **demasiado alta** | | | |
| RELACIÓN DE PAREJA<br>(preguntas 3, 10 y 11)<br>Si puntúas:<br>3, 4, 5 **baja**<br>6 ó 7 **adecuada**<br>8 ó 9 **demasiado alta** | | | |
| INTELIGENCIA<br>(preguntas 4, 5 y 8)<br>Si puntúas:<br>3, 4, 5 **baja**<br>6 ó 7 **adecuada**<br>8 ó 9 **demasiado alta** | | | |

## LO QUE NO DEBES OLVIDAR DE LA AUTOESTIMA

- ◉ Conócete a ti misma, identifica tus cualidades y defectos. Analízalos y observa cómo puedes fortalecer a las primeras y mejorar los segundos, pero no busques la perfección.
- ◉ Nunca predigas resultados negativos, ni creas que no eres lo suficientemente buena para algo. Cada vez que intentes algo, repite: "Puedo hacerlo, aquellas cosas que sé hacer me ayudarán a sobresalir del resto, y lo que aún no sé lo aprenderé."
- ◉ Soy un ser único, no soy perfecta y sé que necesito aprender a identificar aquellas áreas en las que puedo mejorar.
- ◉ No minimices los halagos ni magnifiques las críticas.
- ◉ Recuerda que eres irrepetible, así que quiérete mucho; si no lo haces, nadie lo hará.

# EL AMOR Y EVA

# LOS HOMBRES DE EVA

Por el título creerás que tengo millones de galanes, y me encantaría, pero en realidad me refiero a que el cúmulo de información que tengo sobre el amor no está basado sólo en mi experiencia, sino también en la de mis amigas. O sea que podríamos hablar casi de un tratado científico.

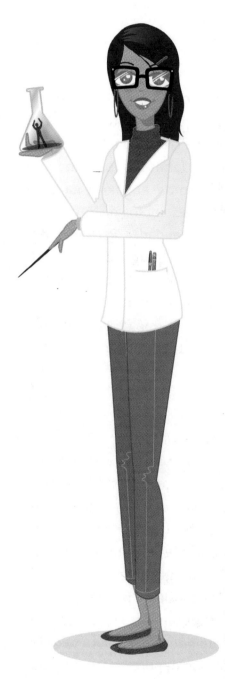

Según Silvia, mi psicóloga de cabecera, cuando una relación termina no debe sentirse como un fracaso, sino como una lección de aprendizaje, por lo que todas somos aprendices en este tema. Silvia también piensa que de cualquier relación se pueden sacar cosas positivas y debemos quedarnos con eso, con los momentos bonitos, y aprender de los que no lo fueron. Así, al menos ya tendremos un consuelo.

Si después de haber leído sobre tanta experiencia acumulada aún te haces bolas, al final de este capítulo está el *Manual de primeros auxilios sobre el amor y el desamor* que Silvia me envió.

Voy a incluir la clasificación que mis amigas y yo tenemos de los hombres. Después de haber leído todos los tipos distintos que catalogamos, te darás cuenta de que ninguno es el ideal y que la combinación de todos tiene como resultado al hombre perfecto que, por supuesto, ¡no existe!

# Clasificación de los hombres según Eva y sus amigas

Lo lamento, pero te tengo una mala noticia: no existe el hombre ideal. El cuento del príncipe azul que llega y te rescata de todas las infelicidades es una historia creada por Hollywood para mantenernos a todas las bellas damiselas esperando al hombre imposible. El prototipo de hombre aún no se ha descubierto. ¿Por qué? Porque las mujeres somos distintas entre nosotras y queremos diferentes cualidades. Pero, ay, creo que no debemos decepcionarnos; sí hay algunos hombres que, dependiendo de sus características, se adaptan más a nuestro tipo. Recuerda que el hombre absolutamente ideal es aquel que suma las virtudes de cada uno de los tipos de hombre, sin sus defectos. Si lo encuentras, ¡será en sueños!

## El padre de tus hijos

Es el hombre casi ideal para la mayoría de las féminas. El perfecto marido, el perfecto padre, que te cuida, que te quiere, pero es re aburrido, o sea: le falta pasión. Es demasiado responsable y no le gusta la aventura, no deja salir a la amazona que de vez en cuando hay en ti. Si eres una mujer con ganas de descubrir el mundo, puede que este hombre no sea para ti; pero si, al contrario, te gusta mucho que te apapachen, te cuiden y tengan detalles contigo... puede que sea el hombre perfecto. Recuerda que los hombres te apoyan, te cuidan y te quieren. Si este tipo de hombre te gusta pero te resulta un poco aburrido, búscate un deporte extremo para no perderlo.

## El amigo

Es el hombre que te escucha y te entiende; es el hombro sobre el que lloras cuando te sientes triste, conoce todos tus traumas de la niñez, tus líos amorosos... En definitiva: puedes pensar en voz alta con él. Sólo tiene un problema: tu osito de peluche te atrae sexualmente más que él. Si sólo quedaran él y tú para reproducirse y salvar a la humanidad, ésta desaparecería. Tienes que asegurarte de que este hombre sepa que para ti es sólo un amigo y que no lo quieres de otra forma.

## El papacito

Aquel tipo de hombre guapérrimo, hermoso. Desde cualquier ángulo su trasero está en contra de la gravedad. Ir con él es ser la envidia de las amigas. Puede ser utilizado para hacer pasar un mal momento a enemigas o ex novios. Está demasiado enfocado en su belleza. Es el complemento de moda para cualquier fiesta. Lo que tiene de guapo lo tiene de superficial y de poco inteligente. Ése es su gran defecto, le tienes que decir: "Estás más guapo con la boca cerrada".

## El intenso

Demasiado intenso. Ejemplo: te conoció hace menos de dos horas y ya te está declarando su amor. Obvio, si estuvieran en un naufragio como el del *Titanic*, merecería toda la pena ya que se sacrificaría por ti... pero ése no es el caso. Si tienes una muy baja autoestima te puede ahorrar la consulta al psicólogo, porque para él, todo lo que tú hagas estará perfecto.

## El amante bandido o Houdini

Dícese de aquel hombre que tras una noche de pasión loca en la que tú estás convencida que se volverán a ver, desaparece para siempre. Su virtud: es maravilloso como amante. Su defecto: dura sólo una noche. Si eres muy enamoradiza evita este tipo de hombres, te pueden destrozar el corazón y sólo repetirán contigo si están muy desesperados.

## El hijo

Aquel hombre que de los brazos de su mamá quiere ir a los tuyos. Es el indicado para las mujeres que no han tenido suficiente tiempo para jugar a las muñecas y quieren adoptar un hijo ya criadito. Su mejor cualidad es que te hace sentir importante, ya que tú le das todo el apoyo, amor y mimo. Lo malo: ¿dónde está el hombre que cuidará de ti?

## El emocional

Es el hombre que se conecta perfectamente con tu lado emocional, tiene una gran sensibilidad, incluso llega a llorar contigo cuando ve *El paciente inglés*, sin dejar su condición de género. Preocupado por la estética, conoce mejor que tú la crema que evita que se arrugue tu cara. Su parte negativa es que a veces tú eres más masculina que él.

## El perdido existencial

Dícese de ese hombre que te ama con locura pero todavía no se ha encontrado a sí mismo. Su línea típica es: "Necesito encontrarme a mí mismo", "Necesito tiempo", mientras tú te imaginas que has encontrado la mítica Atlántida. Su principal virtud es que tienes las conversaciones más bonitas del mundo, es culto e intelectual o filósofo. Su defecto es que si no se encuentra a sí mismo... ¿cómo te va a encontrar a ti?

En definitiva, el hombre ideal tiene que tener todas las virtudes de este tipo de hombres y ninguno de sus defectos. Qué difícil, ¿verdad? Sí, tarea imposible. Lo bueno es que yo y mis amigas nunca perdemos la esperanza.

## El amor en tiempos de Eva

Las cosas han cambiado mucho y los hombres ya no son como antes (como diría mi abuela). ¡Yo pienso que son mejores! (Ah, verdad, eso no te lo esperabas). Ahora están mejor alimentados, son más cultos y más difíciles, pero a nosotras nos gustan los retos.

Cuando mis amigas y yo acabamos la escuela, hicimos la promesa de que nunca perderíamos nuestra amistad. Aunque yo me volviera la ejecutiva más cotizada del mundo y Clara se fuera al Tibet a meditar, íbamos a poner de lado nuestras agendas para encontrarnos como mínimo una vez al mes.

Yo todavía mantengo una relación cercana con la mayoría, pero pienso que entre ellas se están distanciando, en parte porque los novios no se acoplan mucho, en parte porque cada vez se centran más en sus diferencias y no en lo que las une.

Ese día de verano, el día de la promesa, nos reunimos Clau, Clara, "La Güera", "Moji" y yo.

A la Moji la apodamos así porque es una mojigata, o sea, es la conservadora del grupo. A Moji todo le escandaliza, siempre critica a Clau, y se cree que porque ha durado con su chavo más de tres años tiene la piedra filosofal respecto a cómo conservar un hombre. La parte buena de Moji es que siempre está allí para todo. Tras su frasecita: "Te dije que te iba a pasar", se desvive por ayudarte.

Clau siempre ha sido la valiente del grupo. Su carácter es un tanto fuerte, lo suyo no es la diplomacia. Piensa que las amigas se tienen que decir siempre las netas, o sea, las verdades. Nunca se me olvidará cuando le dijo a la Moji que tenía bigote. La Moji reaccionó diciendo: "Es la luz". Pero lo cierto es que si le pones un buen sombrero podría hacerse de mucha lana cantando las *Mañanitas* como mariachi.

Clara es la espiritual del grupo, a su lado el Dalai Lama parece estresado, pero es que ella tiene pedigrí espiritual. Su padre es un *hippie* convertido en chamán, experto en temazcal, medicina natural y pintura símbolica inspirada en uno de su múltiples "viajes". Su madre se dedica a dar terapia alternativa y meditación, vivió en la India dos años. Para los espirituales ir a la India es como hacer una maestría en una universidad de Estados Unidos. Obviamente, con ese li-

naje, Clara es un Dalai Lama de cuarta generación. ¡Lo digo porque siempre lleva su iphone con ella! Parece que siempre está en el limbo o en estado de coma; como que nada la afecta. Me pregunto cómo le hace, ¿será pura meditación o se dará una ayudadita con alguna sustancia prohibida? A veces me gustaría ser como ella y a veces la sometería a un electro shock para que despertara.

La historia de "La Güera" es un poco triste: tuvo un trauma amoroso terrible, creemos que quedó dañada para

siempre por un amante bandido (la categoría de hombre más peligrosa). Ahora está exclusivamente centrada en su trabajo y la fiesta. Su pasado es muy tormentoso, ni el propio Spielberg podría habérselo imaginado. El resurgimiento de los dinosaurios en el planeta Tierra es más factible que ver a La Güera con novio... De hecho, desde entonces no la hemos vuelto a ver con ningún hombre, dígase *free*, ligue, *one night stand*, coqueteo, nada. Pobre...

De un tiempo para acá, Clau siempre pide chai (ya no es *cool* tomar café). Así, mientras me hablaba de las propiedades antioxidantes del chai, le dije: "Clau: no sé qué es lo que haces para siempre estar con chavos. Siempre tienes *dates*". "Pues trabajar amiga, es que los hombres no caen del cielo. Son como una huerta: hay que plantar varias semillas para que salga un rosal en buenas condiciones". Es increíble, llevo años siendo amiga de Clau y nunca había conocido su faceta poética, por la metáfora, digo.

  "Clau, no tienes vergüenza. Eres capaz de perder la dignidad con tal de tener una *date*", dijo Moji. Mira bonita –contestó Clau, un tanto molesta–, la dignidad se pierde cuando sigues con la misma persona por miedo a estar sola, aunque te humille delante de todo el mundo. ¿Crees que no nos hemos dado cuenta de que tu novio siempre te está diciendo que no sirves para nada?". ¡Uff! Cuando Clau saca su lengua de samurai, la sangre llega al río...

"La dignidad se pierde cuando dejas de ser tú y te sometes a valores con los que estás en desacuerdo", dijo Clara, dando luego un sorbo a su infusión de limón y mirando al horizonte, que en este caso equivalía a la salida de los baños. Tras la pausa continuó: "Clau, tienes que aprender a estar sola. Pretendes tapar tu problema de soledad saliendo con chicos. En vez de buscar hombres, encuéntrate a ti misma. Vete a un retiro espiritual y a un curso de yoga". "Ni se te ocurra –dijo presurosamente Clau–, ahí los hombres son horrorosos". "Y lo peor no es eso –añadió Moji, a quien ya se le había pasado el enfado exprés–, tengo entendido que sudas mucho. Imagínate qué vergüenza si levantas los brazos y todos te ven el lamparón en la axila. No sé si es peor lo del sudor o ir enseñando los gorditos a perfectos desconocidos". "Chicas, siempre son un fracaso con los hombres porque creen que ellos van a cubrir todas sus insatisfacciones. Pero ¡noc, nooc! Así ni el más galán las va a satisfacer", dijo Clara, saliendo un poco de su pacífica actitud. "Oye, de fracasos nada, bonita, es aprender y crecer con otra persona, como diría la psicóloga de Eva", remato Clau. Clara siempre nos aterriza mucho, es muy sensata. Su único problema es que le falta coherencia. Mucha vida espiritual, mucha profundidad del ser y conexión con la naturaleza, pero no puede andar sin su celular y es incapaz de hacer pipí en campo abierto.

La prueba determinante de que Clara es una *hippie* Gucci la tuvimos cuando, en un viaje, de regreso de Acapulco, se le aflojó la vejiga y le entraron unas ganas locas de orinar. Nos hizo tomar una desviación en la carretera, todo por no querer orinar en el campo. Terminamos en un bar llamado "El Caballito Rosa". ¡Hubieras visto la cara de la Moji ante el lugar...! Jajaja: "Esto parece un sitio de dudosa

reputación", dijo. Clau le respondió: "Ellas también mean, nena". Paramos el coche frente al sitio de mala muerte. Clau me dijo: "Eva, esta te la avientas tú, ya que Clara no va a querer pedir permiso". "Por fis, ven conmigo", me dijo Clara con cara de perrito abandonado. "Pero pides permiso tú, que siempre me toca a mí", le contesté. Al entrar sentimos que un montón de miradas se nos echaron encima, ¿pensarían que estábamos buscando trabajo? El silencio era muy tenso y dije: "Disculpen, ¿les importa que mi amiga utilice su baño?". Al final me tocó a mí. "Claro que no, pasen *mi amol*", dijo una mujer generosa en carnes, con la cara dulce y un tinte rubio un tanto descuidado. "Pero no tires el papel higiénico en el baño, que me toca *limpialo* a mí". Definitivamente la decoración de esos sitios es un tema olvidado, aunque con la poca luz que hay, no me extraña que le dediquen tan poca atención. Yo, para hacer conversación, dije: "¿Mucho trabajo?". La generosa en carnes respondió: "Ni me hables, que tengo un estrés...". Jamás pensé en ese aspecto de la profesión más antigua del mundo. No quise indagar, sólo le dije: "Practica yoga y se te pasará".

Cuando salimos del sitio, Clau nos preguntó: "¿Por qué tardaron tanto? ¿Les pidieron algunos *tips*?". "No, *tips* no nos dieron, pero su baño estaba mucho más limpio que el de la escuela".


Volviendo al tema que nos ocupa. Nos encontrábamos en la cafetería y a mí me estaba estresando mucho lo que tenía que comentarles a mis amigas. Y ya de plano se los lancé: "Les tengo que contar una cosa: mañana voy a ir a una fiesta y me dijeron que va a estar Pedro. Voy a ir tras él". Todas se quedaron mudas, ni que hubieran visto a la Virgen de Guadalupe. Pedro era un bohemio. Además de haber hecho una ingeniería, tenía una banda de música de la que era vocalista. Cantaba pésimo, pero sólo con verlo atontaba. Él se sabe guapo, aunque tiene el *tick* de pasarse las manos por el pelo, tipo anuncio de champú, que estoy convencida ensaya más que sus canciones.

Siempre me ha gustado pero no sé por qué, ya que a mí me gustan los mugrosos intelectuales. Nunca me he atrevido a acercarme a él. Esa fiesta sería la ocasión más propicia, porque no estaría rodeado de todos sus amigos. Estoy convencida de que ellos son los que mantienen el control de calidad o hacen el primer *casting* de las mujeres que quieren salir con él.

Tan emocionada estaba con la idea, que no me fijé que todas se habían ido una tras otra sin pagar la cuenta... Pero no importaba, el destino estaba a la vuelta y me lo retribuiría con creces.

## De cómo coquetea Eva

Utilicé la técnica de coqueteo llamada "cazador cazado". O "cazador casado", si la relación llega a durar más de seis meses. Primero pasé frente a él para que me viera, quería que pensara que él me había descubierto a mí, y no al contrario. Tuve que hacerlo varias veces porque una chava con todo el *look* de modelo no dejaba de pavonearse. Él la ignoraba, pero ella no se daba cuenta, incluso se ponía en un punto entre él y yo. Esa mujer no sabía que la carne de burro no se transparenta. A la cuarta vez que fui al baño (alguien hubiera pensado que tengo problemas de vejiga), noté que su mirada me seguía a lo largo de todo mi recorrido. ¡Lo conseguí! Saliendo del baño me coloqué en un sitio estratégico de tal modo que estuviera visible para él. Empecé a hablar con el primer hombre que se me acercó. Como no se me ocurría nada, decidí inventarme las viejas líneas de: "Te veo en todas las fiestas y nunca nos hemos saludado". Esa siempre funciona, menos en esta ocasión. Me dijo: "Qué raro, porque es mi primera vez en la Ciudad de México". "Pues tendrás un clon, porque a mí no se me olvida una cara así. Voy por algo de beber, ¿tú qué quieres?". "Una che-la". Fui hacia la barra. Aproveché para pasar nuevamente frente a él, y en ese momento cruzar la primera mirada: le sonreí y... ¡él también! "Vamos bien", me dije.

Una vez que acabé la conversación con mi nuevo amigo, Pedro se acercó a mí. Jugamos al juego de "me tie-nes, no me tienes". Hablábamos un rato y yo me iba a ha-blar con otra persona. Le decía: "Un segundo, ahora vuelvo". Aproveché para agarrarle el brazo de una manera cariñosa pero nada pegajosa. "Dios mío —me dije— qué brazo". Las columna del panteón son palillos chinos en comparación con esas moles... mmm... ¿el panteón tiene columnas, no? Al final de la noche le dije: "¿Y después qué toca?". Él dijo: "Cama". "¡Guauuu! —pensé— vas demasiado rápido, peque-ño saltamontes". Lo que más me hubiera apetecido esa noche era irme con él, pero sabía que si me arriesgaba po-dían pasar dos cosas; una: que tuviéramos una noche loca y luego si te he visto no me acuerdo; y, dos: que tuviéramos una noche loca y se enamorara de mí. No estaba preparada para arriesgar la primera opción; tengo mucho que ofrecer y cuanto más me conociera, seguro más le gustaría.

"¿Cómo que cama?", le pregunté de una manera muy coqueta y con sonrisa picarona. "Sí —me dijo—, mañana te-nemos tocada y no quiero desvelarme y quemarme la voz". Uff, qué cántaro de agua fría que me acababa de caer.

Decidí despedirme antes de que él se fuera. "Adiós, nos hablamos, Eva". "¿Nos hablamos? Pero no me has pe-dido mi teléfono. ¡Eva, reacciona! —gritaba para mis aden-tros—, si te vas sin su teléfono perderás tu oportunidad... piensa rápido qué excusa te vas a buscar...". "Oye, perdí mi teléfono, pero si me pasas el tuyo te llamo mañana a la hora de comer y nos vemos." Lo apunté, le di un beso y me fui sin mirar atrás.

## La primera cita

Lo llamé al día siguiente, no por la mañana sino por la tarde, una hora antes de comer, y le dije: "Oye, ayer me la pasé increíble contigo. Hoy tengo mucho trabajo, pero me encantaría que comiéramos un día. ¿Qué día te viene bien?". Él dijo: "Mañana mismo". Yo me dije: "¡*Great*!".

Creo que la estrategia fue buena, demostré interés pero no desesperación. Le dejé claro que me gustaba, pero que no era la primera prioridad ni dejaría todo por quedar con él. Por otra parte, él demostró interés pero tampoco desesperación (tampoco dijo: "Te veo ahora").

Tenía que quedar en un sitio neutral. Decidí que el lugar ideal era una marisquería modesta cerca de casa. Preferí que fuera comer y no cenar para evitar tentaciones. Mi problema es que (me conozco) si tengo mucha intimidad con alguien que me gusta, me enamoro fácilmente. No podría enfrentar la situación de acostarme con él y que luego me rechazara. Lo iba a hacer despacito. Si al final no le gustaba, que fuera por haberme conocido, y no por haber perdido el interés tras haberse acostado conmigo.

Dos horas antes de verlo decidí arreglarme. Me probé toda la ropa que tenía en el clóset para finalmente darme cuenta de que no había nada que me quedara suficientemente bien. Media hora antes de mi cita decidí acudir a lo de siempre: mis jeans, que al menos sabía que me quedaban bien y no daban la impresión de que había hecho demasiado esfuerzo.

Siempre me gusta llegar a tiempo, pero en esta ocasión llegué 10 minutos tarde. Ya tenía preparada la excusa. Para mi sorpresa, ¡él todavía no había llegado, vaya impuntual! Decidí sentarme en la mesa de la esquinita. Como estaba nerviosa me pedí un vinito. Normalmente no tomo y menos vino, pero pensé que me daría un poco de glamour. Como ya llevaba esperando mucho tiempo me tomé otra copa; con el estómago vacío el vinito me empezó a afectar más de lo que pensaba. El alcohol actúa en mí como la droga de la verdad: todo lo que pienso lo digo. Si se les ocurriera dar vino barato en las comisarías como método para llevar a cabo interrogatorios se evitarían el costo del polígrafo. Cuando finalmente llegó, sin poder controlarlo solté un "Mira que estás guapo". ¡Uups!, ¿se lo dije o lo pensé? Creo que lo dije, porque soltó una sonrisa muy picarona y dijo: "Pues tú no te quedas atrás". "Pues comámonos..." ¡Uuupss, otra vez! No había manera de controlarme. Él soltó una carcajada. Se disculpó por el retraso y dijo: "¿Qué pedimos de comer?". "No sé, pero que sea fácil. Mi madre dice que en la primera *date* tienes que mostrar buenos modales y yo soy pésima para las patas de cangrejo". "Yo me encargo de partirlas", dijo. Fue divertidísimo: parecía que estábamos en un curso de carpintería, golpeando las patas del cangrejo gigante contra una madera. Bueno este hombre es una caja de monerías; además de atractivo, divertido. "Te confieso que eres más interesante en las distancias cortas...". Poco a poco él también fue aflojando hasta llegar al punto de bebernos otra botella de ese vino blanco barato. Yo ya había perdido el control. "¿Qué te da tu madre de comer para estar tan guapo?". "Mujeres como tú". *Touché.* Me dejó sin palabras. Volví al ataque: "¿Tu apodo da crédito a tu fama?". "¿Qué apodo?", dijo él. "Pedro *rock and fall*". "¿Por qué lo de *fall*?", preguntó. "Porque todas caen ante ti...". "Umm, pues yo no tengo un apodo para ti". Eso quería decir que nunca se había parado a pensar en mí. "Me inventaré uno... Dame tiempo, necesito inspiración". "Pues espero que estés más inspiradito que cuando compones las letras de tus canciones". Upsss, se me volvió a escapar otra verdad...

"¿Adónde me llevas, Eva?". "A bailar salsa a un sitio muy divertido que conozco". "Me sorprendes, Eva, nunca imaginé que te gustara bailar salsa". La verdad es que no me gusta tanto la salsa, pero si me lo llevaba a algún sitio cerca de ahí estaría acosado por todas las chavitas que lo conocen y esa noche había determinado que fuera completamente mío. Cuando llegamos al Papis Rumba pedimos unos mojitos... Él no tenía la menor idea de cómo bailar salsa... jijiji. Aquí yo me podía lucir en algo. Me fui al baño para arreglarme un poco y cuando salí ya estaba rodeado de mujeres que, para mi tristeza, le estaban sacando fotos con el celular. Empezó a bailar con unas y con otras. Él se la estaba pasando muy bien, entre mojito y mojito me hacía un guiño de ojo, pero nada más... Yo no sería parte de su harem particular. Entre risa y risa me escapé sin que se diera cuenta. Tomé un taxi y me fui a casa.

Me gustaba ese hombre, pero tenía dos problemas graves. Uno: que la mayoría de las mujeres tenían el mismo gusto que yo; y el otro: que a él le encantaban las mujeres.

Decidí dormir, no pensar y concluir el capítulo de "Pedro *rock and fall*". La caída ya había sido lo suficientemente grande.

Volver a la maravillosa monotonía de la que no sufre por amor es difícil, lo peor es que me había chiflado por un tipo al que ni siquiera había besado. Tres días después, cuando ya empezaba a olvidarme de él, me llegó un mensaje: "¿Quieres saber de verdad lo que me da mi madre de comer?". Yo le contesté: "Sí". "Pues te invito a su restaurante". Resultó que la mamá de Pedro tenía un restaurante tailandés. Cuando fuimos ella no estaba. Nos sentamos en el suelo y comimos con los palillos (lo que se me hacía poco auténtico ya que los tailandeses no utilizan palillos), pero preferí no enfrentarlo a la cruda realidad de que el restaurante de su mamá era un sucedáneo). Me dio a probar de su platillo, pero con los palillos me costaba agarrarlo con los labios. Él me dijo: "Déjame que te lo dé". Tomó un *noodle*, lo presionó con los labios y, de allí a mi boca. Uff, como en nueve semanas y media, pero con una Kim Basinger mexicana. Ese *noodle* fue nuestro sello de amor.

Me aislé de mis amigas durante cuatro meses. Para entonces ya no lo veía tan frecuentemente como me hubiera gustado, pues él necesitaba su espacio para ensayar con su banda, iban a grabar su segundo disco y estaban concentrados al máximo en que saliera bien. Además yo estaba feliz, creo que no podía pedir más. Llamé a Clau, a la Moji, a Clara y La Güera para tomar un café.


"Chicas les tengo una noticia: llevo cuatro meses saliendo con Pedro. No les quise decir hasta no estar completamente segura del rumbo de nuestra relación". "¿*Rock and fall*?", preguntó Clau, con un tono que no le había escuchado antes y amenazaba tormenta. "Sip", contesté como globo desinflado. "¿Y no has tenido problema para entrar por la puerta, nena?". "¿Por qué lo iba a tener?", dijo Moji. "Por los cuernos. Seguro que son tan grandes que necesitas entrar de lado". "Eres una grosera", dijo Clara. "Y tú una falsa, ¿o es que no le han dicho nada a Eva? Ustedes sí sabían que salía con él, ¿no?". "¿Qué ha pasado?, ¿qué saben de Pedro?", pregunté desesperada. "Pues que ése está más sobado que la barra del metro, nena, hasta La Güera se lo ha echado".

"¡No lo puedo creer! ¡Hasta La Güera!". "Oye, eso fue hace aaaños –dijo ella–. Además no tengo el tifus".

"Moji, cuéntale lo que vimos", dijo Clau. "Siempre me toca a mí –refunfuñó y luego me miró compasivamente y con sonrisa culposa–. Se me olvidó contarte que decidimos salir de mujeres coquetas hace un mes y fuimos al White Nite para coquetear, bailar y reírnos un rato. Vimos a Pedro en la esquina de uno de los *vips* y fui a saludarlo. No sabes la vergüenza que me dio cuando vi que no estaba solo." Moji paró para darse un respiro, pero yo estaba que ardía. "Sigue", le dije secamente. "Es que no quiero hacerte daño", esgrimió Moji. "Se lo digo yo –dijo Clau con determinación–. ¿Desde cuándo Pedro es salvavidas?". "Nunca...", contesté asombrada por la pregunta de Clau. "Pues lo vimos dándole respiración de boca a boca a Sara 'Lolas Neumáticas'". Lo primero que odié fue el sarcasmo de Clau, ¿cómo podía ser tan cruel conmigo? Sin darme cuenta le dije: "¡Eres una hija de...!" y me callé. "Lo peor no es eso –dijo Moji– por tanta vergüenza que sentí al interrumpir el momento, todo el mundo pensó que yo era la cornuda". Quiero pensar que mis amigas no saben lo enamorada que estoy de él y por eso fueron tan bruscas. Es un dolor tan difícil de explicar que sólo quien lo ha vivido puede comprenderlo.

Mi rabia me hizo reaccionar con una pregunta: "Moji, ¿ya le has contado a Clau con quien viste a Mike?". "Nope", dijo clavándome unos ojos de puñal y luego agregó: "¡Hey!, yo no soy la chica de las noticias, ya me están cansando." "Pues tu querido arquitecto –solté yo, mirando directamente a los ojos a Clau– tampoco es un santo, se fue con la chava argentina que enseña pilates". Clau cambió su cara y dijo: "Mike me traicionó pero lo que me da verdadera pena es que ustedes nunca me dijeran nada". Clau tomó sus cosas y se fue. Esta vez sí estaba realmente enfadada. Ya no sabía por qué sentirme mal: por lo de Pedro o por haberle hablado así a Clau.

Esa tarde había quedado con Pedro. Él llegó muy sonriente con un ramo de flores, el del remordimiento guardado, me imagino. "Necesito hablar contigo. Pedro, ¿en qué he fallado?", me fui directamente al grano. "Tú, en nada, ¿por qué dices eso, cariño?". "¿Me has sido infiel?". "No, claro que no, ¿por qué te tendría que ser infiel? Lo tengo todo contigo, eres la mujer más sexy". "¿De verdad?". "Sí, mi amor, deja de intensear". Cuando un hombre te dice eso: mala señal, quiere cambiar de conversación haciéndote pensar que eres una loca histérica. Yo sólo estaba histérica, no loca.

"Oki, mi amor —hice una pausa y tomé aire—. Pedro, además de músico e ingeniero, ¿cuándo tuviste tiempo de hacer el curso de primeros auxilios?". "¿Qué?". Já, apliqué la misma pregunta noqueadora que me lanzó Clau. "Sí, porque te vieron practicando el boca a boca en el White Nite". "¿Cómo?". "Sí, te vieron con Sara 'Lolas Neumáticas'. Ya lo sé todo. También sé que fuiste con ella al Hotel Boutique al que nunca me quisiste llevar a mí porque era muy caro. ¿Qué me tienes que decir?". "Sólo fue una noche. Eva, no está bien lo que hice pero no significa nada para mí". No dije nada, me callé durante 10 minutos. El silencio era interminable. "De verdad, mi amor, te amo, nunca pensé que te pudiera amar tanto, mi amor".

## La decisión de Eva 💭

Si tú fueras Eva y **decidieras seguir con Pedro aún sabiendo que te fue infiel,** vete más abajo en esta página.

Si tú fueras Eva y **decidieras seguir con Pedro, pero devolvérsela y serle infiel,** vete a la página 88.

Si tú fueras Eva y **decidieras terminar con Pedro por causa de su infidelidad,** vete a la página 90.

Si no estás muy interesada en esta decisión de Eva, pero **deseas saber más sobre infidelidad, celos y, en definitiva, sobre el amor,** vete al *Manual de primeros auxilios sobre el amor y el desamor,* en la página 92, donde Silvia Olmedo te aclara el panorama.

## Eva perdona la infidelidad y sigue con Pedro

Sé que a mis amigas esta decisión les parecerá patética. Para ellas, Pedro me humilló frente a todos. Mi problema es que amo a ese hombre más que a nada en el mundo y hasta que no haya intentado todo, no puedo dejarlo.

Cuando Pedro me fue infiel, lo hizo por un impulso, o sea: sin pensarlo. Se le presentó esa mujer y la tentación fue grande. Si no me amara, para él enterarme de su infidelidad habría sido la excusa perfecta para dejarme. Yo creo que esta situación le hizo darse cuenta de la importancia de nuestra relación.

"Las cosas no quedarán así –le dije a Pedro– Tenemos que hablar a profundidad. Si queremos que esto funcione deberemos hacer cambios en nuestras vidas". "¿Como cuáles?", preguntó. "Me tienes que decir exactamente lo que te molesta de mí". Me miró inexpresivamente y luego de un breve silencio dijo, como si se lo hubiera repetido mucho en su interior: "El problema es que te esfuerzas demasiado por agradarme. Sé que es terrible lo que te digo, pero me gustaba más la Eva independiente que me dejó bailando en el Papis Rumba. El hecho de que también dependiera de mí que lo nuestro funcionara me mantenía motivado. Dejaste tu vida de lado para volcarte en mí, y aunque creas que no lo aprecio te lo digo claramente: me gustaba más la mujer que conocí y no la mamá en la que te convertiste".

Ufff, qué fuerte. Sentí unas agujas en el pecho. Lo que me acababa de decir, en principio, me pareció terrible, pero luego pensé: "Con que tuvo que pasar todo esto para hablar claro". Mi tema era que amaba demasiado. "Pero tú me decías que no hiciera cosas como vestir con faldas cortas y lo cambié por ti", le reproche. "Sí, Eva, pero eso está mal. Me diste un poder excesivo que no le debes otorgar a nadie sobre tu vida. Te rebajaste, te hiciste a un lado, y eso está mal aunque te lo diga yo". "Pero lo hice por amor", me justifiqué. "No, Eva, lo hiciste por miedo a perderme y el miedo hace que dejes de ser tú. Estás desarrollando una dependencia hacia mí". Tenía razón, qué difícil reconocerlo. No sé en qué momento su criterio pasó a ser más importante que el mío. Dejé de ser yo y me volqué completamente a amar a otra persona, dejándome de querer a mí misma.

Haber desaparecido cuatro meses de mis amigas era un indicio. El miedo que tenía a perderlo era consecuencia, principalmente, de que pensaba que no era los suficientemente buena para él. La idea de que se fuera se convirtió en una obsesión tal que me abandoné, dejé de escuchar mis necesidades, y sólo presté atención a las suyas, haciendo de él un pequeño dictador.

"Pedro, rompiste la confianza, no hay justificación para lo que hiciste". Nunca me imaginé que la conversación daría ese giro, había planeado llorar y llorar delante de él, martirizarme preguntándole: "¿Cómo pudiste hacerme esto sabiendo lo mucho que te amaba?"; hacía tiempo que una conversación no me iluminaba tanto. "Necesito pensar. Ahora no quiero verte". Fue lo último que le dije antes de levantarme e irme.

Tras una semana de total aislamiento volví a establecer barreras propias. No por alejarlo, sino para recobrar mi vida. Decidí que él sería parte de ella y no toda. Me costó mucho aceptar la infidelidad, pero la perdoné. En el *Manual de primeros auxilios sobre el amor y el desamor*, Silvia habla del perdón. Esta acción no es síntoma de debilidad, sino todo lo contrario. Como dice ella: "El perdón es el hígado del alma: nos sirve para purificar". Es como un proceso de limpieza de la mala vibra y, si no perdonas, la mala vibra se te queda ahí.

Pasadas cuatro semanas decidí irme un fin de semana a Acapulco. Pasar tiempo frente al mar me ayudaría. Ahí

me llegó un mensaje de texto que decía: "Se me olvidó lo bonita que eres". Se me cayó una lágrima, pero puse el celular debajo de mi toalla y seguí leyendo mi novela. No podía leer, algo me hacía sombra. Levanté la vista... ¡Era Pedro!, no podía creer que estuviera ahí. "¿Qué, quieres broncearte y que yo no lo haga?", le pregunté sin salir del *shock*. "Oye, Eva". "¿Qué?". "¿Qué te da tu madre de comer para estar tan rica?". "No sé, pero sea lo que sea no te va a dar la receta...". No resistí más, me aventé a sus brazos y le di un beso.

Ese fin de semana fue increíble. La pasamos mejor que nuestro primer fin de semanas juntos. Cuando volvimos le dije: "Pedro, te tengo que pedir una cosa. Te he perdonado pero necesito que me devuelvas las llaves de mi depa. Mi mamá vive también ahí y aunque casi siempre esté en Cuernavaca, preferiría controlar que entraras sólo cuando estés conmigo". La verdadera razón es que quería que entrara en mi vida sólo cuando yo quisiera. No le volvería a dar el derecho de entrar y salir en todo momento; quiero tener pleno control de mi vida. "Entiendo, a mí me pasa lo mismo con el control de mi televisor". Los dos reímos y creo que llegamos a un acuerdo muy importante con pocas palabras: ambos conservaríamos nuestro respectivo territorio y nos compartiríamos sin cruzar los límites.

## Eva sigue con Pedro pero necesita devolvérsela y serle infiel

Como dice La Güera: "Ojo por ojo, diente por diente". Entendí que ésa era la mejor opción para mí. Por mucho que amara a Pedro, mi única manera de seguir con él y pasar a la siguiente página sería haciéndole pasar por lo mismo. Le tenía que ser infiel. Quería saber qué era tener sexo con alguien mientras se ama a otra persona. Quería saber si podía. Necesitaba pasar por lo que él había pasado y ver que, como él decía, no tenía importancia.

Llamé a La Güera para saber qué plan tenía por la noche. La Güera es muy tímida, hasta que estalla la fiera que esconde en el interior y se transforma en una desinhibida Matajari. "¿Adónde sales hoy, Güera?". "Voy con un grupo de amigas del trabajo a un antro. Ven si quieres". Así lo hice. Me puse mi vestido más entallado, y La Güera pasó a buscarme. Entrar a ese sitio fue la cosa más deprimente del mundo; todos los hombres eran insípidos comparados con mi Pedrito. Creo que la estratagema estaba teniendo el efecto contrario, porque cada vez que miraba alrededor me gustaba más mi traicionero novio. Pedí un trago llamado "Aniquílate" y después de media hora entendí claramente la razón de su nombre. Lo curioso es que los hombres ya no me parecían tan feos, pero todavía no lo suficientemente guapos como para irme con uno para cumplir la ley del Taleón. Entonces decidí continuar con otro coctel llamado: "Terminator". Tras el segundo trago se acercó un chavo guapetón. Sí... bueno, creo que era guapo. Empezamos a bailar una y luego otra. Nos cansamos y acabamos sentados. No me hizo falta hacer nada, cuando me quise dar cuenta ya me estaba besando. Se me hacía raro, la situación me recordaba a mí misma cuando tenía 15 años en la fiesta de cumpleaños clandestina de La Güera. Ah, por cierto, La Güera desapareció de una manera muy sospechosa. Ni rastro de ella.

Tras los besos iniciales, el chavo metió la quinta velocidad y pasó su mano bajo mi ropa. De repente me dije:

"Eva, ¿qué estás haciendo?, ni lo estás disfrutando". Me paré y le dije: "Perdona, lo iba a hacer para vengarme de mi novio, pero acabar encamada contigo sería el peor recurso para olvidarme de él".

Me volví a casa de inmediato. Estaba más triste que nunca. Sencillamente no pude hacerlo, y aceptar que él sí había podido me dolió como si reviviera el momento en que las chicas me dijeron la verdad. Al día siguiente quedé con Clau y Clara para desayunar. "Eva –me dijo Clara– cuando estás completamente enamorada no puedes acostarte con otra persona". Clau agregó: "Yo creo que hay una diferencia entre hombres y mujeres. Un hombre puede estar enamorado y ponerte los cuernos". Entonces dijo Clara: "No está lo suficientemente enamorado". Clau la descalificó: "Tú no tienes ni idea de los hombres".

Continué con Pedro pero la cosa no fue mejor. Nunca lo pude perdonar y decidí cortar con él a los dos meses. No lo había dejado de amar, pero el rencor llegó a ser más grande que mi amor y eso me estaba destruyendo.

## Eva decide romper con Pedro

Tras escuchar su explicación, lo único que pude hacer fue llorar. Más allá de que me fuera infiel, me dolió que lo hiciera en público. Me dolió porque no pensó en el daño que podía hacerme. Todas mis amigas lo vieron. Lo cierto es que él es un espíritu libre. No tenía duda de que me quisiera, pero no era el momento para estar conmigo.

Después de leer el *Manual de primeros auxilios sobre el amor y el desamor* comprendí que fue infiel por impulso.

El problema no era la infidelidad sino que él ya no deseaba estar conmigo. Si no, hubiera decidido pasar esa terrible noche conmigo y consolarme en vez de irse con sus amigos.

"Lo que tú digas, Eva. Yo te amo y me duele mucho dejarte". "Si me hubieras amado tanto hubieras pensado en estar más conmigo y en las consecuencias de tus actos. El amor no lo es todo en una relación. También está el respeto y tú me lo perdiste. Si no te importa me voy. Te pido un favor, si me quieres, como dices, no me vuelvas a buscar".

Tras la conversación con Pedro mi malestar era terrible. Necesitaba hablar con Clara y Clau. No, primero necesitaba desahogarme. Así, tras llorar durante varios minutos, llegaron mis amigas al café donde las había citado. Clara me dijo: "Amiga, es cuestión de tiempo. No se te ocurra volverlo a ver, es un proceso de duelo. Piensa que esa persona está muerta, o al menos que quien estaba enamorado de ti, lo está". "Yo no pienso igual –dijo Clau–, creo que los hombres son más instintivos y no saben identificar cuando llega una tentación. Pienso que no se involucran tanto emocionalmente como nosotras y una infidelidad está mal, pero si el resto va bien, merece la pena pensarlo". "La decisión está tomada, Clau. Mi historia con Pedro *'rock and fall'* terminó".

Si la decisión está tomada, te recomiendo que vayas al *Manual de primeros auxilios* del capítulo *"Broken Hearts* o Corazones rotos", en la página 203, donde leerás cómo sobrevivir al truene.

# MANUAL DE PRIMEROS AUXILIOS SOBRE EL AMOR Y EL DESAMOR ✚

El amor es una de las fuerzas más intensas de la vida. El enamoramiento es un estado de amor exacerbado que se acompaña por el deseo constante por el otro; pero, antes de que esto suceda, necesitas encontrar a "ese alguien especial".

El amor de tu vida, o uno de ellos, no te caerá en el plato por sí solo; además, las cosas están cambiando: las mujeres se han vuelto proactivas en todo, lo que incluye encontrar a quien será su futura pareja.

## CÓMO SEDUCIR AL CHICO QUE TE GUSTA

Hay varias reglas básicas de seducción que es necesario considerar. La primera es plantearte qué quieres de él; existen dos opciones: si sientes una atracción arrolladora y está constantemente en tu cabeza, se puede decir que estás enamorada; si, en cambio, sólo te atrae, pero no ocupa

tu cabeza constantemente, estás en camino de enamorarte. Las acciones a tomar son muy parecidas; sin embargo, cuando lo haces con un chavo que simplemente te atrae, te puedes dar más prisa y arriesgar más. O sea, en vez de que te tome tres encuentros la primera salida con él, te arriesgas a que sea en el primero. Aquí la clave es cuánto te gusta ese chico y cuánto puedes arriesgarte a perderlo. Cuando alguien simplemente te atrae, te puedes arriesgar más, puedes ser mucho más atrevida, acercarte rápidamente, y si no le gustas no hay drama, incluso te puedes plantear buscar a otro galán en la misma fiesta. Lo más importante es pensar que si no te hace caso no tienes nada que perder, ya que como él hay muchos.

Si el chavo te gusta mucho, generalmente tu objetivo será una relación a largo plazo. Cuida sobre todo no dar un paso en falso que pueda alejarlo. Es común que cuando queremos algo con intensidad pensemos en las consecuencias negativas de perderlo, lo que causa mucha presión sobre nosotros y provoca la temida "pérdida de espontaneidad".

Como he comentado, debes evitar dar un paso en falso. El encuentro debe ser gradual. Para ello:

## 1<sup>er</sup> paso
### Consigue la máxima información sobre el chico que te gusta.

Esto se logra por medio de la observación. Si es una persona de tu escuela o trabajo, checa a qué hora toma café, con quién habla, entérate de quiénes son sus amigos. Utiliza los datos que están a simple vista, no necesitas volverte una espía, respeta su intimidad y no lo incomodes.

## 2$^{do}$ paso
### Planea el encuentro

Idea una situación casual para encontrarte con él. Mantén una conversación breve, pregúntale algo con sentido del humor (eso siempre funciona) y, sobre todo, encuentra una excusa para volver a hablar con él. Apuéstale una cena por un partido de futbol; así, si ganas o pierdes no importa, garantizas tu resultado.

## 3$^{er}$ paso
### Planea los encuentros posteriores

En adelante, cada encuentro será la oportunidad de primero despertar y luego hacer crecer su interés por ti. Para ello deberás evitar que se aburra contigo. Quizá estés nerviosa, así que puedes planear una salida en grupo, eso te hará sentir más tranquila porque no tendrás la presión constante de estar bajo su escrutinio. Simplemente escucha a tus amigos, habla cuando te apetezca y coquetea sutilmente con la mirada.

## 4$^{to}$ paso
### La primera cita para ustedes

Con la excusa de que ganaste una apuesta o de ir juntos a una tocada del grupo que a ambos les gusta, la primera cita a solas debe tener intimidad. Pero también es importante que hagan algo para mantenerse entretenidos. Ir al billar, a una exposición, al boliche... esta primera cita dedícate a conocerlo más y a que te conozca mejor. Es importante que tengan de qué hablar y que la conversación fluya. No le digas que te gusta, pero muestra interés. Hay muchas opiniones, pero mi recomendación es: si te gusta mucho el chavo, evita el contacto físico íntimo. Mantén la expectativa.

## 5<sup>to</sup> paso
## Las citas posteriores

El propósito de las siguientes citas es que él se muestre plenamente interesado en ti y que aumente el grado de intimidad. Le puedes preguntar si le gusta alguien en ese momento y, sin darle mucha importancia, pasar a otro tema, y así poco a poco. Quizá después de algunos encuentros descubras que no le gustas. Aquí tienes dos opciones: o lo dejas o te fijas un plazo inamovible para seducirlo.

### ASPECTOS IMPORTANTES SOBRE LA CONQUISTA:

- No le cuentes a todo el mundo que te gusta un chavo. Te pondrás más tensa y, cuando te encuentres con él, la presión será mayor, ya que la mayoría de la gente estará pendiente de tus movimientos.
- No le digas que te gusta. Por muy increíble que seas como mujer, él no te conoce y lo puedes asustar. Platica cómodamente con él, eso funciona mejor.
- No lo alabes, no lo adules, tampoco lo maltrates. Muestra interés, pero no desesperación. Que piense que te descubrió a ti, y no al revés.
- No te vistas demasiado sexual, ponte bonita pero evita los escotes a lo pechuga de pollo. Sensual pero no sexual.

- Al platicar evita ponerte profunda. No le hagas sentir que lo quieres atar, no preguntes si le gustaría tener hijos ¡o casarse!
- Todo lo que implica compromiso, los hace salir corriendo.
- Tener relaciones sexuales con él no es garantía de que se enamore de ti, de hecho, podría crearse una relación basada en el sexo y no en el amor.

## CITAS A CIEGAS POR INTERNET

Internet se ha vuelto parte de nuestra vida. Nos facilita el estudio, el trabajo y, en algunos casos, la manera de relacionarnos. Cada vez es más común conocer a gente por este medio; hay sitios como Facebook que son opciones para conocer a otros aunque, a la vez, son un poco peligrosos. Por ejemplo, como hay exceso de información sobre las interacciones de la persona que te gusta con otras mujeres, puedes obsesionarte por cosas sin importancia, como porque le haya mandado un beso a alguien. Además, debes tener mucho cuidado con las citas a ciegas que saques de internet, nunca sabes quién está detrás de un apodo. Hay mentes perversas que utilizan fotografías falsas, nombres e historias para conocer gente de la que abusar.

Si decides que vas a quedar con algún chavo de la red, debes tomar las siguientes precauciones:

a) Siempre queda en un sitio público.
b) Pide a una amiga que te acompañe.
c) Que no hable sólo contigo, sino con tu amiga.
d) Pídele que te muestre una identificación.
e) No le digas dónde vives en las primeras citas.
f) No vayas a su casa hasta que lo conozcas bien.
g) Recuerda que es un perfecto desconocido, aunque creas que lo conoces.
h) Explícale tus condiciones antes de que quede contigo. Él lo tendrá que entender porque de estas reglas depende tu seguridad.
i) Si eres menor de edad debes decírselo a un adulto.

# LO QUE HAY QUE TENER EN CUENTA SOBRE LAS RELACIONES DE PAREJA

## No existe el hombre ideal

Eva, te siento muy confundida con respecto al amor. Como ya sabes, el cuento en el que la princesa se encuentra con el príncipe azul es eso, un cuento, y la realidad es muy distinta. Lo primero que debemos entender es que no existe una sola persona perfecta y, todo chavo, por mucho que te guste, jamás será perfecto.

## No busques una media naranja

La historia de que somos medias naranjas en busca del complemento a la medida también es falsa. Somos naranjas completas que cuando nos juntamos con otra persona hacemos un jugo mucho más rico. Cuanto más felices seamos al estar solas, más felices seremos en pareja, si ésta es la ideal.

## Las relaciones de pareja transitan por distintas etapas

Según la doctora Helen Fisher, una antropóloga estadounidense, una relación de pareja puede pasar por distintas etapas o sólo por una.

Existen tres tipos distintos de impulsos o vínculos amorosos entre hombre y mujer. El impulso amoroso sexual es el primero. En él, la principal atracción es la sexual; le sigue el amor romántico o enamoramiento, que es un amor excluyente; para terminar, está el vínculo que se produce por apego y es común en las relaciones largas.

# LOS TIPOS DE IMPULSO AMOROSO

## El impulso sexual

Este tipo de relación está basado en la atracción física. Normalmente, después de la relación sexual no hay mucho más. Si estás muy enamorada, evita el encuentro sexual como único nexo para relacionarte con él. Es posible que él se acerque a ti por eso y tú lo malinterpretes pensando que tiene un interés más profundo.

## El amor romántico

Es el más intenso y el más parecido a la adicción. Genera una necesidad incontrolable de estar con la otra persona. Los enamorados se aíslan del resto del mundo. ¿Te ha pasado que una amiga de repente se encuentra con un chavo y desaparece durante una larga temporada, olvidándose de ustedes, sus amigas del alma? La imagen del amado está completamente idealizada: no le ves ningún defecto y necesitas constantemente de su presencia. Las relaciones sexuales son muy frecuentes; todo se tiñe de optimismo. Es un estado en el que hasta los químicos cerebrales cambian, haciendo que toda tu realidad parezca color de rosa o completamente negra si esa persona te deja. El enamoramiento o amor romántico dura entre seis meses y un año y medio. Cuando pasa este tiempo no necesariamente se acaba el amor, pero la relación se vuelve más apegada a la realidad. Ya no se idealiza tanto a la pareja y se reconocen sus defectos y limitaciones. Tampoco se requiere constantemente de su atención.

## El amor por apego

Es el tipo de amor que tienes en una relación a largo plazo. La pasión disminuye y la frecuencia de las relaciones sexuales también. Tu chico ya no es toda tu vida, aunque sigue siendo parte muy importante de ella. Se comparten muchas cosas y hay proyectos en común. Hay armonía y cariño, pero a veces también un poco de monotonía, por eso es necesario actualizar la relación y mantenerla viva.

# Tipos de impulso amoroso

- Principalmente atracción sexual.
- La atracción de una persona se basa en la suposición de lo que la persona es. Fuerte idealización.
- Relación esporádica e intermitente o, a veces, inexistente.

**ATRACCIÓN FÍSICA**
**Tipo amante bandido**

- Fuerte atracción sexual.
- Sólo te apetece estar con esa persona, lo demás (amigos, familia, trabajo) pierde importancia.
- Aislamiento del mundo real.
- Idealización de la pareja, sólo se quiere ver lo mejor.
- Se vive en un estado de incertidumbre (celos irracionales).
- Se comparten algunas actividades.

**AMOR ROMÁNTICO**
**Tipo *Titanic***

- Atracción sexual no muy intensa.
- Tu pareja es parte de tu vida, pero no juega un papel dominante, no es absorbente.
- Se conoce a la pareja tal como es.
- Se comparten muchas tareas.
- Mayor monotonía.

**APEGO**
**Tipo Brad Pitt**
**y Angelina Jolie**

# Los celos

La mayoría de nosotras alguna vez hemos sentido celos. Son un sentimiento de miedo, temor y angustia ante la amenaza de que te quiten a quien amas; por eso, no sólo se sienten celos por la pareja, sino por los amigos y padres, por ejemplo.

Tener un nivel bajo de celos es normal, ya que casi siempre existe un miedo "lógico" a perder el amor. El problema es cuando empiezas a coaccionar a tu pareja y tus celos te hacen sufrir.

El peligro de los celos es que pueden volverse obsesivos o patológicos. El celoso obsesivo siente un miedo persistente a perder a su pareja, mismo que se recrudece cuando ve o tan sólo imagina, a quien ama con otras personas. Cuando te vuelves una celosa obsesiva no puedes dejar de pensar que tu pareja te será infiel, analizas permanentemente sus comentarios y gestos, buscando indicios de traición, pero eso no es lo peor, sino que terminas inventando pruebas, todo te parece una señal.

El grado de desconfianza del celoso es tan grande que espía a su pareja en un grado extremo: abre su correspondencia, escucha sus llamadas telefónicas, lee los mensajes del celular, se mete a su cuenta de correo electrónico, revisa los cajones... Todas estas conductas tienen como objetivo asegurarse de que su pareja le sea fiel. Como este tipo de celos son patológicos, nunca bastarán las pruebas de fidelidad; así, el celoso acosará a su pareja hasta que ésta se canse y se aleje definitivamente.

Si eres celosa obsesiva debes acudir a un psicólogo. De lo contrario, acabarás destrozando tu relación, ya que la amenaza que siente tu pareja al sentirse observada y acusada por conductas sospechosas hará que cambie su forma de comportarse y se destruirá la posibilidad de diálogo. Paradójicamente, el pánico a perder a tu chico puede terminar llevándote al fin de la relación.

## ¿Por qué tenemos celos obsesivos?

Existen varias causas por las que podemos tener esta patología; una de ellas es la baja autoestima, otra es haber sufrido una infidelidad anterior y, al no superarla, nos obsesionamos pensando que la experiencia se repetirá.

## Los celos y la baja autoestima

La mayoría de los celosos patológicos tienen un problema de baja autoestima. Eso quiere decir que una mujer celosa ve como posible amenaza a casi todas las demás mujeres. En el fondo piensa que son mejores que ella y que por ello puede perder a su pareja.

En el momento en que casualmente una mujer se acerca a su pareja, se echan a andar pensamientos irracionales, como: "Ella es más guapa que yo", "Ella es mejor", "Ella le cae mejor", "Ella tiene más cosas en común con él que yo..." Estos pensamientos, producto de la baja autoestima, la llevan a idear conjeturas irracionales, tales como: "Se miran mucho, creo que él desea irse con ella". Entonces se desencadena una serie de reacciones como sentir un nudo en el estómago, una sensación de malestar general y un descontrol emocional a tal grado que sobreviene una respuesta agresiva que, como mínimo, produce el enojo de la pareja. En ese punto, la clave es neutralizar los pensamientos negativos relacionados con la baja autoestima.

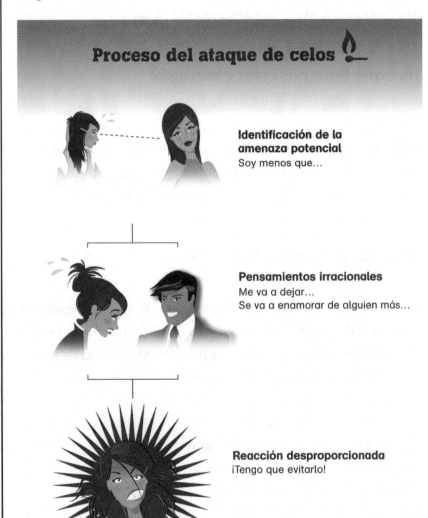

**Proceso del ataque de celos**

**Identificación de la amenaza potencial**
Soy menos que...

**Pensamientos irracionales**
Me va a dejar...
Se va a enamorar de alguien más...

**Reacción desproporcionada**
¡Tengo que evitarlo!

## Celos causados por una infidelidad anterior

Una mala experiencia nos puede marcar y determinar en futuras relaciones de pareja. Existe un tipo de celos causado por una experiencia traumática. Estas personas están tan obsesionadas con lo vivido, y desean tan intensamente que no les vuelva a pasar, que persiguen de manera obsesiva a la nueva pareja. Ésta, al sentirse presionada, corre en sentido opuesto.

En conclusión, piensa que tu nueva pareja se merece toda la confianza del mundo y que la desconfianza y la obsesión por el miedo a perderla terminarán por alejarla.

# LA INFIDELIDAD

Es probable que muchas de nosotras vivamos una infidelidad en alguna de nuestras relaciones de pareja. Hay dos tipos de infidelidad: la infidelidad por impulso y la infidelidad que trasciende lo sexual.

## Infidelidad por impulso

Es una infidelidad no premeditada. Como cuando te encuentras a alguien y te acabas yendo con él, ya sea para unos besitos o para encamarte (muchas veces no estás en control quizá por el alcohol) y te dejas llevar por tus instintos. Pasada la infidelidad, te llega la cruda moral. Incluso el rechazo hacia la persona con quien tuviste el encuentro. El mejor consejo: evita las tentaciones y no te metas en situaciones de riesgo, que pueden conducirte a derivar en algo que no quieres.

## Infidelidad con involucramiento emocional

Cuando tu pareja te es infiel repetidas veces con la misma persona y se establece un vínculo con ésta, significa que tu relación tiene varias fisuras, aunque tú no lo creas. En este caso tu pareja cubre con alguien más, necesidades que tendría que cubrir contigo. Puede que te quiera, sí, pero no lo suficiente. Si debes tomar la decisión de continuar o no con la relación, plantéate hasta qué punto amas a esa persona y hasta qué punto estás dispuesta a perdonarla.

## Infidelidad: saberlo o no saberlo, ésa es la cuestión

Saber o no saber si te han sido infiel, ésa es la cuestión. Muchas de nosotras decimos que nos gustaría saberlo, pero a la hora de la verdad, cuando nos enteramos, se nos hace imposible perdonar. Cuando sufrimos una infidelidad, antes de tomar una decisión sobre el futuro de nuestra relación debemos plantearnos hasta qué punto deseábamos saber si nuestra pareja nos era infiel, si esa infidelidad fue circunstancial y si se supone que no volverá a ocurrir.

No te digo que tengas que perdonar una infidelidad, pero si decides continuar con la relación, el perdón es la forma de canalizar el dolor que te ha causado ese desliz. Si no eres capaz de perdonar, no te plantees volver con tu pareja.

## CÓMO CACHAR UNA INFIDELIDAD

- ⊙ Tu chico se cuida mucho más y mejora su apariencia física.
- ⊙ Manda mensajes por celular constantemente y se esconde o se aleja de ti cuando lo hace.
- ⊙ Huele distinto.
- ⊙ No quiere tanta intimidad como antes.
- ⊙ Se aleja de ti cuando recibe llamadas.
- ⊙ Habla de temas de los que antes no hablaba.
- ⊙ Sus hábitos cambian: llega más tarde a casa, sale más tarde de trabajar, tiene más compromisos, etcétera.

## LAS CLAVES SOBRE LA INFIDELIDAD

- ⊙ Si tu chico te fue infiel, no tiene por qué volver a serlo.
- ⊙ Si le eres infiel a una persona constantemente, plantéate la posibilidad de cortar la relación por su bien y por el tuyo.
- ⊙ Aprende a identificar en qué situaciones pierdes el control, para evitar meterte en ellas y caer en la tentación.
- ⊙ Si te han confesado una infidelidad, pide detalles una vez y si decides perdonar, olvida el asunto. Pasa la página y perdona de verdad.
- ⊙ Una infidelidad no tiene por qué ser el fin de una relación.

## La claves para que la pareja siga

A veces, hagas lo que hagas, una relación no funciona simplemente porque ya no están enamorados. Por otra parte, es una realidad que muchas relaciones acaban no por falta de amor, sino por no considerar importantes los siguientes aspectos:

- ⊙ **Comuníquense.** Busquen el momento para contarse las partes más significativas del día y no sólo compartan información.

- ⊙ **Resuelvan los conflictos.** Solucionen sus problemas en el momento, no los acumulen. Las mujeres tendemos a reservarnos las cosas que nos molestan hasta que llegamos al límite. Entonces, en vez de comunicar de manera constructiva lo que nos disgusta, lo hacemos molestas, como un reproche, lo que se percibe como un ataque. Esfuérzate por transmitirle a tu pareja cómo te sientes, en vez de criticarlo.

⊙ **Perdónense.** Cuando amas a una persona, vale la pena perdonar. El perdón no implica vulnerabilidad o debilidad, es un mecanismo de sanación que necesitamos desarrollar porque, ciertamente, nos ayudará a lo largo de la relación, pues nuestra pareja puede herirnos incluso sin intención.

⊙ **Respétense.** Es vital en la relación de pareja; cuando sobreviene la falta de respeto, se deteriora la autoestima.

⊙ **Diviértanse.** Busquen actividades entretenidas con las que puedan pasar un buen rato. Definitivamente tienes que reírte con tu chico.

⊙ **Sedúzcanse.** La seducción es un una parte vital de la relación de pareja. Hay que mantener viva la llama del amor y evitar la monotonía.

⊙ **Tengan objetivos comunes.** En una relación a largo plazo hay que hacer planes a futuro, así como establecer objetivos compartidos que los ayuden a trazar un rumbo y que fortalezcan su amor y su compromiso del uno con el otro.

# EVA Y EL SEXO

# Hablemos claramente

**A**ntes de explicar en la que estoy metida, es importante que conozcan un poco mi periplo en términos de sexualidad, para que no me juzguen tan rápido. Ya saben que nunca fui la primera en nada y menos en el tema del sexo, quizá porque vengo de una familia conservadora que me educó con la idea telenovelesca de esperar a que la primera vez fuera con mi príncipe azul. Si dependiera de esas creencias aún sería virgen. Por suerte, se cruzaron en mi camino mi prima La Colador y Clau. Ellas me dieron una visión del amor un poco más actualizada, aunque no tan bonita. Voy a relatar los dos acontecimientos vitales que marcaron mi destino sexual.

## Mi primera vez

Igual que la historia se clasifica en antes y después de Cristo (a. C. y d. C.), en mi caso es antes y después de mi viaje con mi prima La Colador. (a. C. y d. C.). Me di cuenta de que estaba viviendo en el mundo de Sisi emperatriz, y si bien el arte del romance no se me daba nada mal, las distancias cortas no eran lo mío. Yo no valgo para eso del sexo casual. Aunque ganas no me han faltado y he tenido distintas fantasías, hay algo que me impide lanzarme a los brazos de la pasión desenfrenada con un perfecto extraño.

Todavía me acuerdo del día que tuve la valentía de tomar el teléfono y llamar a Clau. De eso hace más de tres años, pero me parece que fue ayer: "Clau, ¿dónde estás?". "Aquí, haciendo unos decorados", contestó. "¿Nos vemos en un rato donde siempre?, me urge platicarte algo". "¿Sí? ¿Una novedad?" ."El problema es ése Clau, no hay novedad...". No quise continuar.

A Clau le faltan dedos en las manos y en los pies para contar a todos los hombres con los que se ha acostado; para ella tener sexo es un ejercicio gimnástico. Separa perfectamente el amor del sexo y se puede ir con un galán una noche... y al día siguiente: si te he visto, no me acuerdo. A veces me gustaría ser como ella, creo que me la pasaría mejor.

Cuando llegué a la cita descubrí que estaba con Moji. ¡Uff! Con lo chismosa que es. Me dio una rabia enorme. Después de dos cafés y varias conversaciones banales, Clau preguntó: "¿Y para qué querías verme?". "Clau, hay algo que quiero decirte –primero la miré a ella y luego a la Moji, directamente a los ojos–, pero no pongan cara de sorpresa". "Suelta", pidió Clau. "Me estás dejando con las ganas también a mí", meticheó la Moji. "Todavía soy virgen". Las dos se pusieron la mano en la boca y al unísono gritaron: "Nooooo". "¡Cállense! Me prometieron que no iban a poner cara de sorpresa", dije. "Y ese novio que tenías, ¿naaada?, ¿nada de nada?". "No –les contesté–, mentí, no podía decirles la verdad, me daba mucha vergüenza". "Lo que no sé es cómo tuvo el otro tanta paciencia para seguir contigo", dijo Clau. "No sólo de sexo vive el hombre", comentó Moji. "No pude, no me entraba, me dolía mucho y lo dejamos". "Seguro no estabas suficientemente relajada, eso es común. Pero cuanto más esperes más te va a costar". "¿Y qué hago?". "¡Uff! Qué problema, no me imaginaba eso de ti", dijo Moji. "Oigan, bonitas, si no he matado a nadie. Es más, creo que es lo mejor que se puede hacer, ya que así no te arriesgas a enfermarte de cualquier cosa". "Sí amiga, pero no después de los 20, definitivamente eres un tiranosaurio, jajajajaja". "¿Qué quieres decir?". "Que eres una especie extinguida, jajajaja", se rió Clau. "Pues para eso no hay edad –dijo Moji reconsiderando–, espera al hombre de tus sueños, vale la pena... pero, ¿por qué te entró la prisa ahora?", preguntó. "Pues porque el cuerpo se lo pide –dijo Clau– ¿no has visto con qué cara de vicio mira a todos los hombres que pasan?". Clau exageraba, pero aun así me dio una vergüenza terrible que lo dijera, porque en parte era verdad: últimamente sólo pensaba en eso.

"Tienes dos opciones –dijo Clau– o esperar sentada o romper ya el cintillo de garantía. Además, las primeras veces no son tan buenas. Yo pienso que es mejor encontrar al hombre de tus sueños ya entrenadita, si no, puede que te deje". "Jamás lo vi así, es más, yo creía que tu virginidad era el mejor regalo que le podías dar a un hombre", pensé en voz alta. "Sí, es un beso a sus egos, de eso no hay duda, pero pasado ese beso, al egoísmo viril le gusta estar con una mujer que sepa y que sea un poco aventurera", explicó Clau.

"Yo no pienso así –dijo la Moji–. Yo que tú esperaría, no entiendo por qué la gente tiene ahora tanta prisa". "Sí, claro, ya que has esperado más de 20 años, puedes esperar otros 20, una telaraña más o una menos da lo mismo", sentenció Clau.

"¿Entonces qué hago?". "Tú decides, o vamos a una *sex shop* y te compramos consoladores de todos los tamaños y colores, o buscamos un candidato". Me dolió mucho la frialdad con que Clau enfrentó el tema. Estábamos hablando de mí, de mi virginidad, no del cintillo de garantía de alguna botella, aunque para romántica estaba yo, y eso no me había funcionado.

"Pues lo de la *sex shop* no me gusta nada de nada", le respondí a Clau. "Bueno, pues entonces plantéate: ¿cómo quieres perderla? ¿Quién te gusta? ¿Quién te calienta? Vamos a elaborar una lista de candidatos, todos te tienen que gustar mucho y tener la seguridad de que les importas lo suficiente como para que pongan el tiempo en ello". Clau me miró fijamente en espera de mi respuesta. "Por orden de preferencia, el primero es Marcus, un ex novio que me gustó mucho; el segundo, Carlos, un modelito bien guapetón y con nalgas que miran al cielo...". Al final acabamos

con una lista de 15 candidatos. "No eres demasiado exigen-
te para esta primera vez", dijo Moji en tono burlón. "Está
desesperada", atajó Clau.

"Yo te recomiendo hacerlo con un ex que ya conoces y que todavía te guste... ¿qué te parece Pepe?", gritó
Clau con emoción. Estuvimos juntos durante cuatro meses
cuando yo tenía 17 años, es el hombre ideal, siempre y cuando no le digas que tú vas antes que sus amigos, escuches
sus charlas sobre filosofía de la vida a las tres de la mañana
y toleres sus salidas nocturnas. El tiempo que pasaba con él
era maravilloso, pero cuando se iba sufría mucho. Pepe era
inmaduro y alérgico al compromiso. Y yo necesitaba verlo,
saber de él todo el tiempo. Vivía en un estado de constante
ansiedad ya que yo me enamoraba cada vez más y él parecía no hacerlo.

Estaba en una relación que no era buena para mí, lo que se llama una relación adictiva. ¡Cómo me habría gustado conocer a Silvia en esa época, me habría ayudado a darme cuenta del tipo de relación en que estaba metida. Yo había aprendido desde pequeña que si amabas tenías que dejar de ser tú y dárselo todo a la persona amada. Nada más lejos de la realidad. Para amar a alguien como se merece,

primero debes quererte a ti misma. No es cierto que una persona pueda ser tu media naranja, nosotros somos naranjas enteras; tu pareja está para que crezcas a su lado, no para colgarte de ella. Como dice Silvia: no se trata de buscar tu media naranja, sino de encontrar otra para hacer más jugo. Me ha llevado mucho tiempo entenderlo, y vaya que me he golpeado contra la pared. A veces soy tan necia como una cabra y me obstino en intentar algo de cierta manera que, claramente, no funciona, en vez de cambiar el rumbo. Pero es difícil ver y aceptar que eres tú quien se está equivocando, es más fácil culpar al otro. En el fondo, en mi relación con Pepe, la que tenía el problema era yo, porque tiendo a cubrir mis necesidades y mis vacíos con mis novios, es algo que hago sin darme cuenta. Cuando lo comprendí decidí dejar la relación por el bien de los dos. Eso le dolió mucho a Pepe. Durante cinco meses me dejó de hablar, luego recuperó el sentido común y cuando coincidíamos en una fiesta, no había vez que no coqueteara conmigo.

"Entonces, ¿por qué no quedas con Pepe?", preguntó la Moji con cara de curiosidad. "Tienes razón, ¿por qué no...?". "Nena —interrumpió Clau, dando la cita por un hecho—, asegúrate de varias cosas: una, que llevas condón; dos, que llevas un buen lubricante; y tres, que llevas puesta lencería linda".

Dejé un mensaje en el buzón de voz de Pepe, y a la hora ya se estaba poniendo en contacto conmigo. Él hizo todos los movimientos: me invitó a cenar, propuso el lugar y pasó por mí. Cuando me quise dar cuenta ya habíamos cenado y a las once de la noche estábamos muy entrados en la plática en una mezcalería. Después accedí a su invitación al departamento que compartía con un amigo. Cuando menos me lo esperaba ya estábamos en la cama. Reconozco que el mezcal me ayudó un poco para desinhibirme y estar más relajada. Él siguió todos los preliminares para que yo me excitara. Sin ningún tipo de prisa recorrió todo mi cuerpo hasta que ya no me pude aguantar las ganas y

le pregunté: "¿Tienes condón?". Él dudó: "No, eh, pues creo, mmm, no...". "Pues yo sí", me apresuré a decir. Fui a mi bolso y se lo pasé. Él se lo puso como el que se pone un calcetín, qué experiencia. Cuando ya se puso en acción, sentí cierta resistencia, física, pero como Pepe es un poco bruto –creo que debe tener alma de plomero– sabía que no le costaría romper mi cintillito. Sobrevino un tirón fuerte, me dolió al principio y luego... El acto en sí mismo no me gustó tanto, no coincidió con las expectativas que tenía. Con lo excitada que estaba, no entiendo cómo no vi estrellas ni tuve convulsiones. No pude llegar al orgasmo, pero me quedó una gran sensación de alivio: ¡ya no moriría virgen...! Buuu, pero sí insatisfecha. Por lo menos en mi lápida no diría "Eva García murió a los 80 años, virgen." Diría: "Eva murió anorgásmica". Puesto así no sabía qué era peor.

Pepe fue muy tierno. No paraba de besarme y me pidió que me quedara a dormir. Como mi madre no estaba, no tenía que avisar y acepté, mirándolo a los ojos mientras nos dábamos un beso. A la mañana siguiente me dijo: "Creo que te bajó la regla porque hay un poquito de sangre." Decidí no desmentirlo; si él no había notado nada, entonces la virginidad de Eva sería uno de los grandes misterios de la humanidad, como el de la muerte de Marilyn Monroe o el Triángulo de las Bermudas.

Tras vestirme noté una pequeña molestia entre pierna y pierna que me obligaba a caminar al estilo John Wayne. Parecía que había montado a caballo durante horas. Luego no podía parar de ir a orinar y el dolor tras acabar ¡era horrible! Llamé a Clau y le expliqué mi situación: "Vete corriendo al médico, me suena a que tienes cistitis", me aconsejó. Nos despedimos, no sin antes hacerle un resumen de la noche anterior.

Así fue. Me daba mucha pena explicarle la situación al doctor, pero no le hicieron falta muchos detalles. Me dio un antibiótico y al día siguiente ya me encontraba mejor. Desde entonces, me quedó la fijación de que cualquiera me puede transmitir una infección. "La próxima vez orina después de hacerlo y que él se lave bien las manos antes", me dijo Clau. Desde que mi amiga me pasó sus *tips*, siempre los pongo en práctica; así no me ha vuelto a dar.

Asumí que Pepe no me volvería a llamar. Para mí, ese hombre estaba en la categoría de romántico-intelectual

de espíritu libre: siempre tendría excusas bonitas para no verme y cuestiones que resolver (todas de vital importancia para decidir el rumbo de la humanidad). Pepe ya no me preocupaba, pero me sentía muy decepcionada: no haber llegado al orgasmo me había dejado un sensación de vacío. Yo sabía que no tenía problemas de orgasmo, ya que solita me lo hacía muy bien. En aquella época no conocía a Silvia, pero años después le escribí hablándole de mi primera vez y esto fue lo que me contestó.

## La respuesta de Silvia sobre la primera vez y el orgasmo 👄

Mi querida Eva, obviamente tus expectativas sobre tu primera vez eran bastante altas. Recuerda que en la sexualidad hay dos cosas importantes: el deseo y la práctica.

Es bastante común que la primera vez no se llegue al orgasmo y es un poco frustrante porque sientes mucho deseo y tienes grandes expectativas. Las mujeres generalmente tardamos un poquito más en adquirir práctica, a muchas les da pena practicar a solas y el hecho de que nuestros genitales estén más escondidos nos dificulta la situación. No te tienes que frustrar si cuando te penetran no sientes placer. El acto de la penetración en sí no estimula tu parte erógena más sensible: el clítoris.

La próxima vez, estimúlate con la mano mientras tienes relaciones y poco a poco busca las posturas que friccionan el clítoris. No te frustres, si ya has conseguido llegar sola, quiere decir que no tienes ningún problema, sólo necesitas practicar.

Recuerda que los hombres y las mujeres somos muy distintos a la hora de encontrar el placer. El hombre es como un piano: das a la tecla y ya suena la nota. La mujer es como el violín: hay que encontrar el punto justo de fricción entre el arco y la cuerda para dar la nota; una vez encontrado, la música que creas es excelente. No te dé miedo practicar a solas y luego con tu pareja. Lo único que nunca debes olvidar es cuidarte: manos bien limpias, usa condón, y si tienes alguna duda sobre esa persona y las ganas se apoderan de ti, prueba autoestimularte a ti y estimularlo a él, pero no te arriesgues a tener sexo si no estás segura, ya que podría cambiar tu vida para siempre. El sexo puede practicarse sin amor, pero no debe ser un acto que te tomes a la ligera. Evita usar y ser usada o te puede quedar una sensación de vacío. No tienes que tener relaciones sexuales sólo con el amor de tu vida, pero es imprescindible que lo hagas con quien te guste y te haga sentir especial.

Al día siguiente, Pepe me llamó preguntándome si quería salir con él el fin de semana. Me quedé muy sorprendida... Quedamos de vernos y me prometí que esa vez nada de alcohol. Fue mucho más rico la segunda vez. No llegué durante la penetración, pero yo me encargué de hacerlo después.

## La mañana siguiente

Amanecer con Pepe fue hermoso. Luego de cucharear un poco y de un mañanero, desayunamos juntos y vimos una película. Ésa se volvió un poco la rutina. Pasaron las semanas y Pepe estaba muy cariñosón, casi no lo podía reconocer. Un día mientras estábamos acurrucados me pareció que me decía: "Te amo" en el oído, pero no lo volvió a repetir. "¿Eva, tú crees que la gente puede cambiar radicalmente?", me preguntó más tarde. Le respondí que no, "puede cambiar en algunas cosas, pero su naturaleza más profunda, no". "Pues yo te veo tan distinta a la Eva que conocí". Sí lo era, pero simplemente porque no tenía expectativas de estar con él, no estaba tensa y disfrutaba los pequeños momentos. Sabía que una relación a largo plazo con Pepe era un reto imposible y lo había aceptado. Debido a eso descubrí algo muy importante sobre mí: cuando no quiero mucho a alguien, mi relación es más natural, ya que mis expectativas son menores y no ejerzo ningún tipo de presión sobre la otra persona. Lo mejor con Pepe es que no sentía la necesidad de controlarlo. Creo que ser yo misma y hacer las cosas con base en lo que me apetecía y no en lo que pensara él, me volvía más atractiva. El hecho de que me sintiera bien conmigo influyó de manera importante en lo que Pepe percibía como "mi transformación".

Cuando salí la primera vez con Pepe no tuve relaciones sexuales no porque no quisiera, sino porque no quería que pensara mal. Bastó que no me importara lo que él pensara para enamorarlo.

A los dos meses de estar juntos, Pepe me comentó que le gustaría hacerlo sin condón, "¿A pelo?". ¡Uff! eso era un paso aún mayor que perder la virginidad, y más con una persona como Pepe, que era un ojito alegre. Decidimos hacernos todas las pruebas: la del VIH, la sífilis, el herpes... los dos estábamos limpios. Luego fuimos al ginecólogo para ver qué tipo de anticonceptivo me vendría mejor. Gracias a la guía que me proporcionó Silvia, incluida en el *Manual de primeros auxilios sobre la sexualidad*, y a la información de mi ginecólogo, tomé la decisión correcta. En mi caso fue el anillo, aunque aun así preferí seguir usando condón. En realidad nunca quise hacerlo sin él; de alguna forma no me sentía segura de que no me contagiaría de una enfermedad de transmisión sexual.

Pepe no se quedó muy contento cuando se lo anuncié, pero yo no me quise arriesgar. Le dije que la confianza se gana y no se impone y que me tenía que dar tiempo para confiar en él. Seguimos con esos fines de semana locos durante tres meses. Al cuarto me pidió formalizar la relación, pero yo no quería ser novia de Pepe. Simplemente lo conocía demasiado bien para saber que formalizar la relación era acabarla. Además, también quería ser más independiente. Me quedaban muchas cosas por hacer y sentí que no era él con quien las haría. Como él no lo aguantó, decidimos seguir caminos distintos. Esa vez no me costó trabajo desprenderme. De vez en cuando coincidimos en fiestas de amigos comunes, nos vemos, platicamos, sonreímos y nos damos algo más que abrazos.

Ya les he confesado el primer hito en la historia de mi sexualidad. El segundo fue un acontecimiento reciente que me ayudó a sacarme una espinita.

## Salir del clóset

Mis amigas nunca me llaman los lunes por la mañana y menos van a buscarme a la recepción de mi oficina. Cuando vi un mensaje en mi mesa que decía: "La señorita Moji le espera en recepción. Es urgente", lo primero que pensé fue

que alguien estaba enfermo... Pero para que Moji fuera a mi oficina tenía que ser peor que eso. Bajé a la recepción y vi a Moji llorando. "Eva, estoy muy mal, no me lo puedo creer". "¿Qué te pasa?". "Es una tragedia, me siento fatal". "¡Basta de dramas y dime qué pasa, Moji!". "Ayer salí con Arturo, un amigo de la universidad, fuimos a un café medio escondido, nos sentamos en una mesa, pedimos un café y cuál fue mi sorpresa cuando enfrente de mí vi a La Güera". Hizo una pausa mientras miraba aterrada al vacío, como si viera un fantasma. "¿Y..?", le pregunté. "¡Estaba con otra mujer!, ¡estaba besándola de lengua! No te imaginas el dolor que me causó, me quedé sin palabras. Le pedí a Arturo pagar la cuenta y salir de ese sitio espantoso". Moji me miró directo a los ojos, fue la primera vez que realmente me vio desde que la fuera a buscar a recepción. "Tenemos que hacer algo, amiga", me dijo Moji casi gritando, como si se tratara de salvar al mundo de una catástrofe nuclear. Al ver mi cara de escepticismo trató de ser más convincente: "Eva, La Güera está muy confundida, esa marimacho le está lavando el cerebro. Seguro que ella no quiere. Es la más bonita de todas nosotras... con ese cuerpo y esa cara, qué pérdida para la humanidad...". "Hagamos una cosa, organiza una merienda el miércoles en casa de Clau, y asegúrate de que vaya La Güera", le dije.

El día de la cena llegamos todas a tiempo. Mientras Clau abría una bolsa de galletas, todas nos mirábamos unas a otras en silencio. La Güera tomó una galleta y preguntó: "¿Y cuál es el motivo de esta reunión exprés?". Moji respiró hondo y dijo con tono solemne y pausado: "Tú, Güera... –a todas nos dio un poco de risa, pero nos aguantamos–, no sé cómo nos has podido hacer esto." "Güera, ¿qué hiciste esta vez?", preguntó Clau. "Nada que yo sepa", masculló, mientras masticaba lo que le quedaba de galleta. "Me estás sacando de onda, Moji", dijo Clau. Moji, con su cara más dramática y como si fuera un fiscal, preguntó: "¿Por qué no nos dijiste que eras lesbiana? Hace un mes todas nos desnudamos delante de ti en Acapulco y tú disfrutándolo, eres una pervertida. Te has aprovechado de nuestra confianza". Todas nos quedamos calladas hasta que La Güera, después de sacudirse las migajas dijo: "No me puedo creer que digas eso. Primero, Moji, ninguna de ustedes son de mi tipo y tú menos. Entiendo que la mujer viene del mono, pero el hombre lobo a tu lado es lampiño, nena. Que te quede claro, lobita, que soy lesbiana, pero no pervertida. Que me gusten las mujeres no quiere decir que me gusten tooodas las mujeres y menos que vaya a intentar algo con ellas. No me sentía preparada para contárselos y después de su reacción, menos". "¿Por qué?", interrumpí yo. "Por miedo a que me rechazaran y tenía razón". "Yo no tengo ningún problema con que seas homo", dije. "Yo no tengo ningún problema con que seas hetero", dijo La Güera. Clara agregó: "Yo lo sabía hace tiempo. Te caché hace unos meses, pero ni le di importancia". "Y Clau tampoco debe darle mucha –agregó La Güera, medio riéndose– ya que la vi un día dándole un besito a una mujer...". "¡Noooo! –exclamó Moji, como si eso fuera algo más que imposible–, esto parece Sodoma y Gomorra!". "Sólo fue un beso –dijo Clau, sonrojándose–, estaba demasiado animada... jajaja", se rió con risa nerviosa. "Tu heteroflexibilidad me preocupa", agregó Moji, bastante molesta. "No, nena –dijo Clau recuperando su habitual compostura–, el tema aquí es que todas son más falsas que una moneda de seis pesos, ¿o es que soy la única que alguna vez ha pensado en besar a una mujer?".

"Yo no lo he pensado porque ninguna es mi tipo –dijo Clara–, pero entre besar al jorobado de Notre Dame o a Sharon Stone, prefiero a Sharon". "¡Yo también!", salté en ese momento sin darme cuenta de mi impertinencia... como siempre.

Hubo algo en esa conversación que me hizo sentir aliviada. Llevaba mucho tiempo martirizándome por haber tenido una fantasía con una mujer. Al menos no era la única.

"Oye, Güera, ¿y cómo es tu novia, cuándo nos la vas a presentar?", le pregunté, para aliviar la tensión. "Es muy linda pero lleva mal lo de salir del clóset, todavía no se lo ha contado a sus papás. Estamos en ello. Soy la primera mujer con la que ha tenido una relación seria. Yo ya se la presenté a mis papás". "¿Y qué dijeron?". "Nada, ellos no opinan, dejaron de hacerlo hace mucho tiempo".

"Veamos la parte más positiva –dijo Clau–, La Güera siempre ha tenido más pegue con los hombres que todas nosotras... una menos compitiendo. Oye, Güera, ¿y cómo es que ninguna de nosotras es de tu tipo? Yo pensé que tenía un *sex appeal* fuerte con las lesbis...". "Te equivocas Clau, yo creo que la única que podría moverme el tapete es Clara, tiene un tema más auténtico". Clara sonrió y miró hacia abajo un tanto ruborizada, mientras tomaba un sorbo de su infusión de limón.

"¿Y cómo te volviste lesbiana? ¿Fue por el trauma de Clemente? Con lo feo que es, no sé cómo te pudiste enamorar de él". "El que tiene el trauma es él, no yo. Cuando le dije que me había enamorado de alguien más y que ese alguien era una mujer no pudo superarlo: '¿Tan mal lo hago que te fuiste con una mujer?'". "Qué egocéntricos son algunos hombres", dijo Clara. "La verdad prefiero a una mujer que a Clemente", dijo Clau.

"Pero todavía no nos has dicho cómo te diste cuenta de que eres lesbiana", insistió Clara. "Siempre supe que me atraían las mujeres, pero intentaba bloquearlo. Me acuerdo que tenía una profesora de chelo, Ana María, como 10 años mayor que yo. Era una mujer muy delgada, pálida, las venas se le transparentaban a través de la fina piel. Tenía una mirada muy profunda que se clavaba en tus ojos con tal intensidad que parecía que podía leer tus pensamientos. A veces nos quedábamos a solas. Cuando ella se paraba detrás, sentía su respiración tan cerca de mí que me daba la impresión de respirar el aire que ella exhalaba y que éste entraba en mi cuerpo hasta llegar al vientre... era una sensación que me paralizaba. Nunca supe si ella era lesbiana. Tengo la sensación de que sí, porque la vi agarrada de la mano de otra chica, pero eso puede interpretarse de varias maneras. Un día se acercó a mí y me dijo: "Güera, ya no te voy a ver más, mañana te asignan a una profesora más apropiada". "Tú eres perfecta, pensé. Me abrazó fuertemente, me tomó de la barbilla y me dio un beso en el cachete. Nunca en mi vida me había sentido así. Con ese beso pasé de la cima más alta hasta la tristeza más profunda cuando caí en cuenta de que no la volvería a ver. Ésa es una mujer y no las que salen en las películas. A veces creo que me encontré con el amor de mi vida, pero en el momento erróneo".

"Güera, me tienes perpleja –dijo Clau–, hasta tienes una parte romántica". "¿Y no has sabido nada de tu profesora?", preguntó Clara. "No, todo se quedó en un bello recuerdo platónico". "Bueno, no te pongas melancólica. Güera, es un alivio saber que las lesbianas también sufren". "Si no, todas querríamos serlo", agregó Moji, un poco en broma y un poco en serio. "Además –añadió–, yo todavía estoy enojada contigo, nos lo tendrías que haber dicho". La Güera, con el tono levantado, respondió: "Así como no tengo por qué contar cómo te besuqueabas con un chavo que no es tu novio, puedo reservarme cosas de mi vida si lo deseo".

Un silencio de incredulidad invadió la sala. "¡Moji!, ¿con quién te estabas besuqueando?", pregunté con mucha curiosidad. "Eeeeh, eran besos cariñosos, mal pensadas". "Es la perfecta ocasión para que te confieses, Moji", aseguró Clau. "Mejor otro día –dije yo–, me tengo que ir a trabajar a mi casa". Tomé mis cosas y me despedí apresuradamente. Al llegar a la puerta me volví para observar a La Güera. Quería saber si después de esa revelación mi percepción de ella había cambiado. Ya sabes, como cuando repentinamente notas algo que siempre ha estado ahí. Pero no, para mi sorpresa, La Güera se veía como siempre.

Ya en la calle, sentí un gran alivio al saber que La Güera, que era la autista emocional del grupo, estaba enamorada. Por otra parte, a mí me había pasado exactamente igual que a ella; me refiero a lo de las cosquillitas en la panza por una mujer. A mí no me llegaron hasta el vientre, pero reconozco que ver una película en que salía Angelina Jolie en postura insinuante me mantuvo trastornada toda una semana.

Una vez en casa decidí escribirle a Silvia. Te cuento a grandes rasgos lo que decía mi carta.

## Mi querida Silvia:

Hoy una amiga nos confesó que es lesbiana. Ella no lo ha sido siempre, yo le conocí dos novios. ¿Crees que pueda ser una cosa pasajera y que esté un poco confundida?

Aprovecho también para comentarte un temilla mío que me preocupa. Una vez tuve fantasías con una mujer. No es cualquier mujer, sino Angelina Jolie. ¿Crees que eso me hace lesbiana? O, ¿será que Angelina Jolie tiene un poder especial con ambos sexos?

## La respuesta de Silvia

Eva, desgraciadamente las personas tendemos a poner etiquetas a todo porque eso nos da mayor seguridad. Etiquetar

a la gente dentro de una raza, una nacionalidad o un partido político nos quita incertidumbre. El ser humano por naturaleza busca certezas inamovibles. Con la preferencia sexual pasa lo mismo. Es cierto que la mayoría de la gente tiene una preferencia heterosexual y una minoría tiene una preferencia homosexual, pero a lo largo de la vida puede haber una atracción sexual puntual hacia el mismo género y eso no te hace homosexual. Es más fácil que suceda durante la adolescencia donde, en todos los aspectos, se producen cambios que te hacen dudar de cualquier cosa y, ¿por qué no?, de tu preferencia sexual. Kinsey, un biólogo-psicólogo que cambió la percepción de la homosexualidad en Estados Unidos, lo explica muy bien en su escala (si bien hay escalas más actuales, ésta te hace

entender fácilmente en qué consiste la preferencia sexual).
En tu caso, sólo has tenido fantasías y eso es bastante habitual en la mayoría de la mujeres, no debes pensar que por
ello eres homosexual. Lo que sí debe quedarte claro es que
decidir ser distinto al resto normalmente implica rechazo
por parte de la sociedad. Si tu amiga ha decidido hablar-
les de su preferencia sexual, respétala, puede que fuera tan
cerrada emocionalmente con ustedes porque pensaba que
la iban a rechazar. Te incluyo la escala para que te ayude a
entenderlo mejor.

## Escala de Kinsey

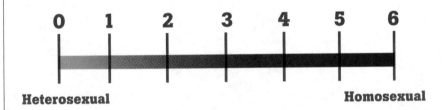

| Heterosexual | | | | | | Homosexual |

**0 >** Exclusivamente heterosexual.

**1 >** Predominantemente heterosexual,
sólo incidentalmente homosexual.

**2 >** Predominante heterosexual,
pero incidentalmente homosexual.

**3 >** Igualmente heterosexual como homosexual.

**4 >** Predominantemente homosexual,
pero incidentalmente heterosexual.

**5 >** Predominantemente homosexual,
sólo incidentalmente heterosexual.

**6 >** Exclusivamente homosexual.

Me fui a dormir pensando en La Güera y en mí. No lograba quitarme de la cabeza todo lo que había pasado en casa de Clau. Me preguntaba cómo habría sido la primera vez de La Güera. ¿Se le habrá roto el himen o no? ¡Ah! Creo que fue con un hombre... Por mi parte, definitivamente me quedé más tranquila sobre mis fantasías con Angelina...

## *Eva, ¿sexo casual o causal?*

Ya hemos hablado de dos aspectos que marcaron mi sexualidad: uno fue mi virginidad y otro mi inseguridad sobre mi preferencia sexual. El tercero todavía no lo tengo resuelto: estoy hablando del *fast sex* o sexo casual. Por una parte, tengo la sensación de que si no lo hago me voy a quedar con las ganas, pero por otra, me preocupa que si lo hago sea peor el remedio que la enfermedad.

En mi trabajo te encuentras con muchos hombres atractivos −seguramente dejan a sus novias dormidas, se van todos mugrosos de las casas de ellas y vienen al trabajo peinaditos, con un traje impecable y oliendo rico−. El ritual de subir todos al elevador con el café en mano es de mis preferidos del día, puedes coquetear en distintas bandas. Con el que más coincido es con el "Vigoréxico"; eso no es un hombre, es un armario ropero. ¿No se dará cuenta de que ese cuerpo más que atraer asusta? Creo que está enfermo. No tiene cuello, parece que su cabeza está encajada en su espalda; de hecho tiene muchas más lolas que yo. Con dos como él la alarma del elevador se enciende por sobrepeso.

Me gusta mucho cuando sube conmigo el "Tímido", él tiene algo que es mágico, usa gafas de pasta a lo Bill Gates, lleva el fleco a un lado y cuando se pone nervioso mira hacia abajo, pasa su mano sobre su fleco y lo pone detrás de su oreja. No puede sostener una guerra de miradas por más de dos segundos.

Hay una agencia de modelos en el piso 9 que a veces destroza mi comienzo del día, desgraciadamente cuando ellas entran no hay chance de nada. Ésa es la prueba fehaciente de que estamos en un mundo superficial donde la imagen tiene ventaja sobre el intelecto. Los modelos también están muy guapos, su problema es que se creen mucho y cuando un hombre se sabe guapo, la mitad de su atractivo está perdido. Lo que tampoco me gusta es que se quiten el "peloenpecho" con rasuradora; no te imaginas lo que pica poner la cara ahí, es una especie de dermoabrasión. ¿No se habrán enterado de la cera o la depilación definitiva? Luego está la "Mujer Telenovela", de unos cuarenta y tantos, es mezcla de María Félix con Sofía Loren pero en versión *Drag Queen*. ¿No le habrá dicho nadie que a las 9 de la mañana las sombras

verdes estilo vampiresa y las pestañas postizas no se llevan? Lo peor es que se debe levantar dos horas antes para producirse.

Hay un hombre que se baja en mi piso que es muy interesante, es el único que va con *jeans* y una americana al trabajo. Siempre lleva una maleta de cuero marrón. Una vez, cuando nos bajamos del elevador en nuestro piso, vi que se iba al área común de oficinas de mi planta, ahí puedes tomar el café o el sándwich. Él fue a poner más azúcar en su café. Yo hice lo mismo, lo observé disimuladamente durante un rato y lancé mi pregunta: "Me muero de curiosidad, ¿qué llevas en ese maleta?". "¿De verdad quieres saberlo? –me preguntó, entre sorprendido y malicioso–. La gente normalmente sale corriendo". "Sí, me come la curiosidad". Entonces abrió la maleta y sacó algo envuelto en trapos, era una cajita. Dijo: "Es *secret art*; en español, arte secreto". "Pues me dejas en las mismas. ¿Trabajas de espía o algo así?". "No, me dedico a conseguir piezas de arte erótico". "Jejeje –pensé–, sabía que eras un pervertido". "Este tipo de arte es muy difícil de conseguir ya que la gente lo tiene escondido y las piezas forman parte de todo un lote de subasta. Cuando no quieres comprar todo el lote es difícil convencer a la gente de que te venda sólo una pieza. Mira esta caja. Parece un joyero normal, ¿verdad?". Por lo que yo podía ver era una cajita con el dibujo de una japonesa pintándose los labios. Cuál fue mi sorpresa al abrir la caja y descubrir que en la base aparecía la misma japonesa pintándose los "otros" labios, y ya saben a qué me refiero. Verdaderamente las revistas para hombres han hecho una labor social increíble en nuestra sociedad, no me imagino a los grandes ejecutivos cargando con una mano el teléfono y con la otra su cajita a lo *secret art*. Después de intercambiar algunos comentarios ociosos sobre aquel disimulado objeto del deseo, me despedí del chico de la maleta.

Vaya personaje, definitivamente el *Cirque du Soleil* tendría que venir a hacer un *casting* a este elevador... Pero ahora sigamos, vayamos al objeto de mi deseo; le llamo "Barón Dandy". Es muy masculino, pero con clase; mezcla de hombre de las cavernas y economista de Wall Street. Tiene la mandíbula cuadrada, mide como un metro ochenta y tantos, siempre va impecablemente vestido, huele a madera fresca y limón, en el dedo pulgar lleva un anillo de plata que le da un toque rebelde, se cree guapo pero no lo va gritando. Es un coqueto, ya lo he visto varias veces echándose miraditas con la del piso 13. A la lagartona ésa la llamo "Irma La Dulce", es la típica mujer que va de mosquita muerta pero yo leo muy bien sus intenciones. Esos vaivenes de ojos a mí no me engañan, detrás de esa cara de gatita dulce está una devora-hombres, una buitre carroñera sin escrúpulos.

Volvamos al asunto que nos amerita: mi Barón Dandy. Hay algo en él que desata mi parte animal, cuando estoy parada a su lado soy una masa de pura atracción. Pues bien, él fue el elegido por mí para tener sexo casual. He seguido sus movimientos en el elevador durante más de tres meses. Las estadísticas no engañan: se baja en el piso 21 y sale de trabajar siempre después de las siete de la noche. ¿Qué podía hacer para platicar con él? Ya llevábamos mucho tiempo haciéndonos ojitos, pero nada. Aquella semana sólo me lo había encontrado tres veces, dos a la subida y una a la bajada. Esa mañana dejé pasar en cuatro ocasiones el elevador con la excusa de tener que hablar por el celular y no querer perder la cobertura. Ya lo había decidido: ése sería el gran día y esperaría el tiempo que fuera necesario. Cuando finalmente "coincidimos" me subí y me coloqué al lado de él. Aquel día también iba Irma La Dulce. El elevador paró de golpe en el tercer piso y el empujón hizo que mi café se derramara sobre el bizcochísimo de mi Barón Dandy. "¡Qué pena!, ¿te quemé?". Le dije con una cara de preocupación en el más puro estilo melodramático. "Déjame que te ayude". Por arte de magia salió un *tissue* de mi bolso y empecé a limpiarle el café de la manera más ineficiente del mundo: del brazo pasé al torso y sin darme cuenta empecé a secarle

en partes donde no había ni rastro de café y ensimismada me dejé llevar por ese magnífico torso; él tampoco hizo
ninguna indicación de que parara. Nos fuimos a su piso y
allí acabé con mi faena de tintorería. "Ahora me encargo de
subirte un café", le dije. "Faltaría más, voy contigo", respondió. Noté que me miraba de arriba abajo, lo peor es que mis
piernas empezaron a temblar de una manera poco usual,
sentí un calor interno que iba desde la punta de los dedos
de los pies hasta la frente. Bajamos a comprar el café, al entrar al elevador puso ligeramente su mano sobre mi cintura
para cederme el paso, eso me subió la temperatura corporal 10 grados. Nos despedimos, él me pasó su tarjeta de ne-
gocios y yo decidí no darle la mía, ya que mi título de *junior*
no me favorecía, preferí despedirme de mano. Su nombre:
Tomás Evans, sonaba muy glamoroso.

Cuando llegué a mi oficina no podía dejar de pensar
en él, estuve distraída todo el día y ansiosa por no saber
si debía llamarle. Finalmente me decidí casi a la hora de
la salida, pero no me contestó y le dejé un mensaje. Definitivamente era el tipo de hombre "amante bandido" de
una noche, el típico: si te he visto no me acuerdo. A las dos
horas me llamó: "¿Ya saliste?". "Sí ya estoy en mi casa". "¿No
te apetece cenar conmigo?". "Qué hombre más rápido", le
dije. Pero también me escuché respondiendo: "Sip. ¿Dónde?". "Qué mujer más fácil", me dije. A la hora ya estábamos cenando en un restaurante italiano, nos ubicamos en
una mesa de la esquina que tenía unas lindas velitas. Los
meseros parecían conocer muy bien a mi gran desconocido,
sabían el vino que deseaba, la entrada, su plato preferido
y el postre. Sentí que él tenía el control absoluto, mientras
me comentaba el trabajo tan importante que tenía y las

grandes reglas de la economía. Obviamente, él no sabía que yo entendía lo que decía mejor que él, incluso detecté varios fallos cuando me habló sobre los indicadores macroeconómicos de México, pero preferí no corregirlo para no quedar como pesada, al fin y al cabo buscaba un hombre-objeto. Me sirvió vino, pero no quise beber. No quería emborracharme ni perder el control del cuello para arriba, ya que del cuello para abajo la batalla estaba perdida. Acabamos de cenar y mientras el valet parking traía su coche me dijo: "Tengo unos videos interesantes de mercadotecnia en mi casa. ¿Te gustaría venirte unas horitas a verlos?". "Te falló la excusa", pensé. Yo sabía que si iba a su casa no me podría resistir a él; por otra parte, ésa era la situación más parecida a tener sexo con un desconocido, ya que yo siempre tengo varias citas antes de cualquier roce. "¿Bueno, Eva, qué quieres que hagamos?".

## La decisión de Eva

Si tú fueras Eva y **decidieras ir a la casa de Barón Dandy, sabiendo que tendrías sexo con él,** ve a la página 144.

Si tú fueras Eva y **decidieras dar por terminada la cita e ir a tu casa,** ve a la página 146.

Si tú fueras Eva y **decidieras ir a otro sitio, arriesgándote a que él se rehúse,** ve a la página 148.

Si no estás muy interesada en la decisión de Eva, **pero quieres saber más sobre temas de sexualidad, como algunos anticonceptivos, enfermedades de transmisión sexual y algunos problemas relacionados con el sexo,** ve a la página 150.

## Eva se va a la casa de Barón Dandy

De camino a su casa empecé a no estar tan segura de mi decisión. Tenía puesta una música muy linda y todo parecía haber salido de un anuncio de coches, pero estaba muy nerviosa. ¿Y si es un psicópata que guarda en una nevera a las mujeres que le tiran el café? ¿Y si es un hombre casado y me ha mentido?

El coche se detuvo ante un garaje y se abrieron las puertas produciendo un rechinido macabro. Nos estacionamos en un espacio vacío. Apagó el motor con un giro de muñeca que pude escuchar en medio del silencio y la oscuridad. Me miró y me dijo: "¿No te quieres quedar aquí, verdad?". "No, hace frío". Respondí con la voz un poco temblorosa. No quería mostrar que me intimidaba, pero sí lo hacía. El calentón inicial se disipó y estaba muy tensa. Tendría que haber dicho a alguien cual era mi plan. Subimos en el elevador hasta que una campanita anunció el quinto nivel, al parecer el último. Ese piso sólo tenía dos apartamentos: ambos *penthouse*.

Al entrar en su departamento noté que estaba todo muy limpio y en orden, lo cual es muy atractivo o muy de miedo, ya que podía ser un maniaco, según como se vea. La decoración de la casa era minimalista. Muy bonita. En las paredes colgaban fotografías en blanco y negro. Se quitó la cazadora e hizo lo mismo con mi chal. De pronto, tomó un control remoto y le dio a un botón al puro estilo James Bond. Apareció una iluminación tenue indirecta, música ambiental y una ventana en el techo se abrió para dejarnos ver las estrellas. No me gustó nada toda esa puesta en escena, era demasiado estudiada y no me hizo sentir especial.

Golpeó su mano en su muslo haciéndome el gesto de que me sentara encima de su pierna. Lo hice y empezamos a ver el video (¡por suerte pude convencerlo de que prefería ver una película!). No habían pasado los títulos cuando él ya estaba tocándome la pierna. A los cinco minutos ya estábamos desnudos en su sofá y a la media hora ya habíamos tenido relaciones sexuales. Disfruté el momento, pero una vez que acabamos me sentí como cuando vas a unos de esos sitios de comida rápida en los que venden hamburguesas. Tienes un hambre increíble, te comes la hamburguesa rápidamente, y una vez pasado el atracón, el olor de la hamburguesa te ahuyenta. Después de media hora, preferí irme a dormir a casa. Le pedí que me llamara un taxi. Él se ofreció a llevarme pero no me apetecía pasar más tiempo a su lado.

Nunca pensé que reaccionaría así, yo siempre he tenido miedo de enamorarme, pero de éste me resultaría imposible. Mi sensación fue más de repulsión que de otra cosa. Al llegar a casa me duché y me metí en la cama. Así que ya lo había probado, ya sabía lo que era y no me había gustado. Al día siguiente él fue el que estaba propiciando el encuentro en el ascensor. Esta vez agarré muy fuerte mi café para que no se desparramara todo, cruzamos miradas y después nos despedimos. Me llamó varias veces pero decidí ponerle la excusa de que tenía mucha chamba. Definitivamente soy una vieja romántica y lo del sexo casual no es lo mío.

## Eva prefiere que Barón Dandy la lleve a su casa

Cuando le dije que me llevara a casa no le gustó la idea. Estaba manejando muy rápido, tanto, que debió frenar varias veces a mitad de la vía rápida. Tenía la sensación de estar en uno de esos juegos de computadora en los que cada vez que rebasas a uno de los coches te dan puntos. Intenté ser agradable con él; todavía me gustaba mucho, pero no entendía esa actitud infantil de niño caprichoso. ¿Qué le había pasado a *Mr. Controlator?*, no le había dicho que no me gustaba, sólo le pedí que me llevara a casa. Definitivamente, no me simpatizó su reacción. Intenté varias cosas para recuperar el contacto, pero él no respondía. De pronto, después de pasar un túnel con una curva pronunciada, me dijo, sin dejar de mirar al frente: "¿Sabes una cosa, 'linda'?, odio a las mujeres calienta huevos como tú. Si no te gusto, ¿por qué quedaste conmigo para cenar?". Wow, sentí que la sangre se me iba a los talones, ¡cómo podía hablarme con ese tono de macho y con esas palabras! "A ver, para dejarlo claro, me gustabas mucho, pretérito imperfecto, y hasta hace unos minutos me parecías un hombre interesantísimo, pero me he dado cuenta de que para irme a la cama con alguien tiene que haber un poco más que atracción sexual, y tú no eres lo suficiente atractivo para que pierda la cabeza. Además, eso de que te afeites el pecho me bajó la líbido". ¡Auch!, a eso le llamo regresar el golpe... Después de ese intercambio de hostilidad permanecimos callados el resto del camino; fue la situación más incómoda del mundo.

Cuando llegamos a la puerta de mi casa me despedí con un "Hasta luego". Él ni me dirigió la mirada. No entiendo su reacción, ¿por qué tenía que ser tan grosero? Al llegar a casa le escribí a Silvia y ella me respondió.

## La respuesta de Silvia 💋

Evita, jugaste con fuego y sufriste una pequeña quemadura. Aunque nunca se justifica que él haya sido grosero, ni que manejara de esa manera imprudente, le mandaste las señales erróneas. Te acercaste demasiado con el lenguaje corporal y coqueteaste en exceso. Recuerda la escena del elevador. Él no la interpretó como "Me gustas", sino como: "Vamos a la cama". No todos los hombres son así, pero lo que es cierto es que te arriesgas a que algunos se comporten de esa manera. Al actuar como lo hiciste, te pusiste en una situación de mucha vulnerabilidad. Para empezar, tendrías que haber avisado de tus planes a alguna amiga, para tomar precauciones. Si no quieres obtener esa reacción de un hombre, debes mandar señales de seducción sensual y no sexual, y tus señales fueron puramente sexuales.

La seducción puede realizarse a nivel sexual, sensual, emocional y racional. Por ejemplo: ir al trabajo con un escote, enseñando toda la pechuga de pollo, lo único que hace es confundir a la gente, de alguna manera provoca que piensen en ti como objeto sexual y no como una mujer que ha estudiado y tiene inteligencia privilegiada. Tú no eres así, pero sé que así te será más fácil entender lo que quiero decir. La gran diferencia entre lo sensual y lo sexual es que lo sensual no necesariamente incita al sexo y lo sexual sí. No estoy diciendo que no debiste tocarlo, pero la manera de limpiarle el café fue un "Vamos a la cama", ¿no crees?

Por otra parte, la reacción del galán fue patética, digna de un arrogante engreído. Me alegro de que no te hayas ido con él.

## Eva sugiere ir a tomar algo a otro sitio, arriesgándose a que Barón Dandy se niegue

No le gustó mucho que no fuéramos a su apartamento, pero no parecía tan molesto con la idea de ir por un chocolate. A mí me seguía atrayendo locamente, pero había decidido que no me sentía cómoda acostándome con él tan de prisa; simplemente no era yo. No quería apresurarme. Aunque me atraía la fantasía de irme con él y de tener una noche loca, una vez cara a cara la idea ya no era tan atractiva.

El sitio donde lo llevé por el chocolate es una auténtica monería: parece salón de té, pero sirven chocolate auténtico de Chiapas cuyo sabor no es como el del chocolate que venden en las tiendas: su final amargo con toques de nuez lo hace irresistible. Le dije: "Ésta es mi esquina, la tengo reservada para mis *dates*. ¿Creías que eras el único, eh?". Al final sonrió, pedimos un chocolate con unas galletas maravillosas y él me dijo que le encantaba: "Las mujeres que toman chocolate y galletas no están obsesionadas con lo que comen, parece que en verdad disfrutan de la vida. No hay cosa que me guste menos que invitar a una mujer a cenar y que no coma. Tú no eres una cita económica, nena, hasta postre pediste". "Este hombre tiene sentido del humor", pensé, y rápidamente le devolví el halago: "Pues tú no te quedas corto, sólo en galletas hemos gastado bastante".

Curiosamente, a medida que adelantaba la noche empezamos a intimar más y me di cuenta de que el hombre que había imaginado no se parecía a quien en realidad es, pero me gustaba más. Era más tímido de lo que pensaba y bajo esa capa de autosufiencia se ocultaba una persona tremendamente sensible. Terminó por confesar que tenía pensado dejar su trabajo e irse a la India a meditar. A las tres de la madrugada, cuando ya estábamos en pleno abuso de confianza, le dije: "Y yo que te había considerado mi hombre objeto...". "¿Ya no?", me preguntó un poco asombrado y en broma. "No –le dije–, eres demasiado interesante y menos bruto de lo que pensaba. Una pregunta indiscreta: ¿cuántas caen en tus brazos tras cenar en el italiano?". Se rió a carcajadas y me dijo: "Hasta ahora era infalible. Pero –entonces me tomó la mano y me miró directo a los ojos–, siempre hay una primera vez y me alegro".

Me llevó a casa y al llegar apagó el motor del auto, se volvió hacia mí y mientras yo buscaba las llaves en mi bolso me tomó de la barbilla y me dijo: "Eva, hacía mucho tiempo que no tenía una cena tan entretenida, me la pasé realmente bien. Avísame si mañana haces una pausa y tomamos un café juntos, porque el chocolate sólo lo tomamos aquí". En ese momento Tomás dejó de llamarse Barón Dandy y entendí que el sexo casual ya no era un opción con él.

# MANUAL DE PRIMEROS AUXILIOS SOBRE LA SEXUALIDAD ✚

## PRINCIPALES ASPECTOS DE LA SEXUALIDAD

Si decides que quieres tener relaciones sexuales, plantéate tres temas vitales: 1. no quedarte embarazada si no quieres; 2. no contagiarte de una enfermedad de transmisión sexual o ETS y 3. disfrutarlo y no hacerlo como una entrega de la que esperas el amor eterno a cambio.

Como sabes, el mejor método anticonceptivo y de prevención contra las enfermedades de transmisión sexual es la abstinencia, pero si no la consideras una opción, espero que la siguiente información te sea útil.

# MÉTODOS ANTICONCEPTIVOS

*Lo primero que debes saber es que nada sustituye la visita al ginecólogo. Si tienes la idea de utilizar un método anticonceptivo, acude a consulta.*

Hace menos de 50 años las mujeres no podían elegir embarazarse o no. Ahora *todas* tenemos esa opción.

Hay distintas clases de anticonceptivos, pero los podemos clasificar en dos grandes grupos: los hormonales y los no hormonales.

## Anticonceptivos hormonales

### Cómo funcionan

Los anticonceptivos hormonales, como lo dice el término, contienen hormonas. Su mecanismo de acción consiste en suprimir la ovulación; sin esos óvulos, el embarazo no es posible. Otro efecto es hacer más espeso el moco vaginal, con lo que se dificulta que el esperma llegue al óvulo y lo fecunde.

Hay muchos mitos alrededor de los anticonceptivos hormonales, lo cierto es que son de los métodos más seguros para prevenir embarazos. A excepción de las mujeres fumadoras y algunas a quienes les está contraindicado por factores de riesgo, el resto los puede tomar, pero es importante que los recete el médico.

Además de prevenir el embarazo, algunos anticonceptivos hormonales reducen el acné (debido a que ciertos problemas de la piel se relacionan con desequilibrios hormonales); también regularizan los periodos y disminuyen los síntomas del síndrome premenstrual.

Si el médico dice que están contraindicados para ti, por favor no los tomes, pueden ser peligrosos para tu salud.

Cualquier método anticonceptivo que utilices (y esto vale tanto para los hormonales como para los que no lo son), debe ser congruente con tu personalidad y estilo de vida. Ello ayudará a que sea más efectivo y no genere efectos no deseados.

## Cuáles son

### La píldora. Para mujeres que no son despistadas

La píldora es un método anticonceptivo muy eficaz. Por lo general se toma todos los días del mes; pero esto depende de la marca; las hay de 21 y 28 días. Las primeras se dejan de tomar por una semana; las segundas no se interrumpen, aunque las pastillas correspondientes a algunos días no contienen hormonas; la opción de toma diaria tiene el propósito de no confundirte y crear un hábito. Está indicado para mujeres que no son olvidadizas.

Si al inicio de tu tratamiento has tenido vómitos o diarrea, utiliza un método anticonceptivo adicional, ya que las concentraciones del fármaco disminuyen y puede perder eficacia.

### El parche. Para mujeres olvidadizas

Si no te gusta tomar medicamentos orales y eres un poco olvidadiza, puedes utilizar el parche. Se coloca en la parte superior del glúteo. Las hormonas penetran a través de la piel y se incorporan al torrente sanguíneo. Es un método tan efectivo como la píldora. Se cambia tres veces al mes, una por semana, y descansas la cuarta.

## El anillo vaginal. Si quieres ocuparte de ello sólo una vez al mes

Es un anillo de plástico flexible de aproximadamente cinco centímetros de diámetro y pocos milímetros de grosor. Se introduce en la vagina y permanece allí durante tres semanas. En el interior, libera poco a poco las hormonas. Se puede poner fácilmente, sólo requiere un poco de práctica. Es como cuando te pones los tampones: al principio es difícil y luego muy sencillo. Transcurrido el tiempo se saca y descansas una semana, mientras se produce el sangrado. La posición exacta del anillo en la vagina no es crucial. En la medida que te sientas cómoda, sabrás que está en la posición correcta.

La acción del anillo consiste en que mientras está en tu vagina libera mini dosis de hormonas.

## La inyección. Para las mujeres prácticas

Es una inyección de hormonas que se puede poner o bien cada mes o cada tres meses. Se debe ir al médico para evaluar si no tienes ningún tipo de contraindicación. La inyección puede ser en el brazo, en el muslo o en las nalgas Está recomendada para mujeres en extremo olvidadizas, que no logran ser constantes con la píldora. Este tipo de anticonceptivo sólo tiene progesterona, por lo que es una opción para algunas mujeres que tienen contraindicados otros tipos de anticonceptivos hormonales.

### El implante hormonal. Si buscas algo a largo plazo

Es el método anticonceptivo que tiene mayor duración: hasta tres años. Físicamente es una varilla redonda muy fina (parecido a la barrita de una cerilla) que se introduce debajo de la piel, en la cara interna del brazo. El procedimiento es muy sencillo: no tarda más de diez minutos y lo colocan con anestesia. Para ubicarlo en su sitio es introducido a través de una pequeña incisión en la piel con una jeringa. El implante hormonal puede ser retirado cuando quieras: es un proceso sencillo que dura menos de media hora.

## Anticonceptivos no hormonales

### Cómo funcionan

Este tipo de anticonceptivos o evitan, a manera de barrera, que el esperma entre en el útero o, como en el caso del DIU (el que sólo es de cobre), crean una reacción en el útero que impide que te embaraces.

También existe la ligadura de trompas, que es un método irreversible de contracepción. Una vez que se hace ya no puedes tener hijos.

## Cuáles son

## El DIU, dispositivo intrauterino. Para las mujeres que no toleran tanta hormona

Es un pequeño dispositivo en forma de "T" que se pone dentro del útero. Originalmente el DIU era sólo de cobre, porque éste genera una reacción química que evita que te embaraces. Ahora algunos llevan también hormonas, lo que hace que sean más eficaces y que controlen el síndrome premenstrual.

*Exceptuando los anticonceptivos de barrera (el condón masculino y el femenino), ninguno de estos métodos te protege de una enfermedad de transmisión sexual.*

### El condón masculino. Para que ellos lo usen

Es un método anticonceptivo que consiste en una funda delgada de látex (similar al plástico) que se pone en el pene una vez que está erecto y nunca antes. Además de evitar el embarazo previene muchas de las ETS. Es importante saber ponerlo correctamente. Si sabes hacerlo, te puedes asegurar de que no fallará. También hay que quitarlo inmediatamente después de que el hombre haya eyaculado.

### Tips para el uso del condón

↗ Nunca pongas dos condones a la vez, es más fácil que se rompan.
↗ Utiliza un lubricante con base de agua.

↗ Aprende a poner el condón y a quitarlo.

↗ Recuerda que el condón no te protege completamente de que te conta-
gien el virus del papiloma humano. Acude cada año al ginecólogo a hacerte un papanicolau.

## El condón femenino. Para que ella tenga el control

Es un método anticonceptivo parecido al condón masculino.
La mujer lo introduce en la vagina, y queda parte de él cubrien-
do los labios. Además de protegerte mejor de la transmisión
de las ETS que el masculino, en especial del virus del papiloma
humano, es muy eficaz en la prevención del embarazo.

Es más difícil de poner que el condón masculino,
pero si aprendes a hacerlo agradecerás su eficacia y tendrás el control.

## Métodos anticonceptivos no seguros

Los métodos basados en la temperatura corporal, tomada
el día de la ovulación, dependen mucho de que la mujer
sea exacta cuando ovula. Muchos factores pueden impactar en la ovulación –cambio de clima, viajar de la playa a la
montaña, o el estrés–, eso significa que tus cálculos pueden
ser erróneos y puedes quedar embarazada. Por ello es que
estos métodos anticonceptivos son poco seguros.

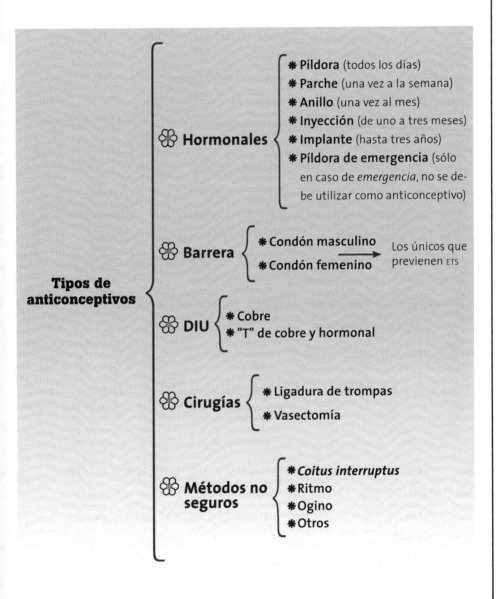

**Tipos de anticonceptivos**

❀ **Hormonales**
* **Píldora** (todos los días)
* **Parche** (una vez a la semana)
* **Anillo** (una vez al mes)
* **Inyección** (de uno a tres meses)
* **Implante** (hasta tres años)
* **Píldora de emergencia** (sólo en caso de *emergencia*, no se debe utilizar como anticonceptivo)

❀ **Barrera**
* **Condón masculino**
* **Condón femenino**
→ Los únicos que previenen ETS

❀ **DIU**
* Cobre
* "T" de cobre y hormonal

❀ **Cirugías**
* Ligadura de trompas
* Vasectomía

❀ **Métodos no seguros**
* *Coitus interruptus*
* Ritmo
* Ogino
* Otros

## LOS MITOS SOBRE LOS ANTICONCEPTIVOS

- Cuando estoy con la regla no puedo quedar embarazada. *Falso. Sí puedes quedar embarazada.*
- Si él me penetra y se sale antes de eyacular, no puedo quedar embarazada. *Falso. Sí puedes quedar embarazada, ya que una simple gotita de semen tiene miles de espermas.*
- Todos los anticonceptivos previenen las enfermedades de transmisión sexual. *Falso. Sólo lo hacen los condones femenino y masculino. Además, existen algunas enfermedades que se pueden transmitir a través del roce y para las que el condón no es efectivo en la prevención del contagio. Si vas a tener relaciones sexuales con alguien que no conoces, aunque estés tomando un método anticonceptivo, siempre debes usar condón.*
- La primera vez no puedes quedar embarazada. *Falso. Sí puedes quedar embarazada.*

# ENFERMEDADES DE TRANSMISIÓN SEXUAL

Las enfermedades de transmisión sexual (ETS) son las que se trasmiten por contacto sexual. No necesariamente tiene que haber penetración, algunas se contagian sólo por el roce o fricción.

Más que abundar en detalles sobre todas las ETS, es mejor que consideres algunas señales que podrían estar diciéndote que padeces alguna.

Si cambia el color de tu flujo, si cambia de olor (es decir, si huele feo, incluso como a pescado); si sientes picores, dolores, cólicos; si notas que te ha crecido algo raro en la zona genital o simplemente has tenido sexo sin protección, debes ir al ginecólogo para asegurarte de que no padeces ninguna enfermedad de transmisión sexual.

Haré una breve revisión de algunas de las enfermedades de trasmisión sexual:

Están las ETS causadas por hongos, por bacterias y por virus. Estas últimas son las más difíciles de tratar. Las más peligrosas son el VIH y el virus del papiloma humano, el cual, al no ser tratado a tiempo es de las primeras causas de muerte, por ser el principal causante de cáncer cérvico uterino. Esta enfermedad, si se diagnostica y trata a tiempo, puede no derivar en cáncer.

Curiosamente, si todas las mujeres fueran al ginecólogo una vez al año, se podrían prevenir las consecuencias de la gran mayoría de las ETS. Vale la pena, es sólo una vez cada 365 días.

Infecciones como clamidia, gonorrea, sífilis o cistitis se curan fácilmente, por eso es importante detectarlas a tiempo; de lo contrario pueden causar desde infertilidad hasta trastornos mentales (la sífilis).

Pero calma, no debes angustiarte ni enclaustrarte para siempre. Lo importante de conocer los diferentes tipos de ETS y sus consecuencias es que sepas que se pueden prevenir y que seas consciente de la importancia de ir al ginecólogo periódicamente.

## Enfermedades de transmisión sexual causadas por virus

### ☞ VIH • Virus de inmunodeficiencia humana

- Afecta al sistema inmune, acabando con él.
- **Transmisión:** sexo sin protección, madre infecta a su hijo durante la gestación y por agujas infectadas.
- **Diagnóstico:** con una prueba de sangre llamada Elisa, y se confirma con el Western blot.

### ☞ Virus de papiloma humano

- Crea unas verrugas llamadas condilomas, que pueden volverse cancerígenas.
- Es el principal causante del cáncer cérvico uterino.
- **Transmisión:** sexo sin protección y por fricción o roce.
- **Diagnóstico:** Papanicolau y colposcopía.

### ☞ Virus del herpes

Hay dos tipos de herpes

**-Herpes labial**
- Ocasiona los fuegos labiales.
- **Transmisión:** por contacto con la llaga.

**-Herpes genital**
- No necesariamente tiene que haber brotes.
- **Transmisión:** sexo sin protección.
- **Diagnóstico:** análisis de sangre y muestra de la úlcera.

## Otras enfermedades de transmisión sexual

### ☞ Sífilis

- Infección de tipo bacteriana.
- **Diagnóstico:** visualmente y mediante análisis de sangre.

### ☞ Gonorrea

- Infección de tipo bacteriana; puede causar EPI e infertilidad.
- **Diagnóstico:** con análisis de orina y muestra.

### ☞ Cándida

- Infección causada por un hongo.
- No sólo es una enfermedad de transmisión sexual.
- Te puede dar cuando te bajan las defensas.
- **Diagnóstico:** revisión médica.

### ☞ Clamidia

- Infección de tipo bacteriana.
- **Contagio:** relaciones vaginales, anales y orales.
- **Diagnóstico:** prueba de orina y muestra.

## PROBLEMAS RELACIONADOS CON LA SEXUALIDAD

La sexualidad es muy importante para el ser humano; el bienestar general de las personas incluye una vida sexual saludable. Por ello, es conveniente estar al tanto de los variados problemas que se relacionan con ella. A continuación te hablaré de los más comunes.

## Falta de deseo

Uno de los problemas más comunes relacionados con el sexo es la falta de deseo. Cuando no te apetece tener sexo durante un mes, autoestimularte o hacerlo con tu pareja, puede deberse a varios factores: estrés, agotamiento, depresión... También es posible que tengas una enfermedad física, como la diabetes; recuerda que cuando estás mal de salud lo primero que pierdes es el deseo sexual, pues el instinto de supervivencia es muy poderoso: antes hay que sobrevivir, la reproducción es secundaria. Si experimentas falta de deseo debes de ir a un médico para que descarte cualquier problema físico. Un psicólogo o terapeuta sexual también podrá ayudarte, ya que el origen de tu condición puede encontrarse en tu psique o mente.

## Anorgasmia

Este trastorno implica que no puedes llegar al orgasmo. Esto les sucede tanto a hombres como a mujeres. Normalmente, ellos tienen menos problemas para llegar que nosotras; sucede, principalmente, porque ellos se autoestimulan desde jóvenes, mientras que a muchas mujeres les da vergüenza o piensan que está mal hacerlo. Al no practicar, desconocen sus puntos de placer y después se complica alcanzar el orgasmo.

Para tener orgasmos necesitas aprender a darte placer, llegar sola, para que cuando estés con tu pareja sepas exactamente qué posición es la que te hace sentir más.

En definitiva, si tienes problemas para alcanzar el orgasmo lo mejor es acudir a un sexólogo, tanto para descartar algún problema físico como para aprender técnicas que te faciliten la tarea.

## Vaginismo

Es cuando la mujer contrae la vagina, evitando que entre el pene. Esto pasa porque la mujer está muy tensa o porque anteriormente fue forzada y lo hace como respuesta refleja, o sea, contrae inconscientemente la vagina. En estos casos lo mejor es ir a un sexólogo para que puedas aprender a relajarte.

## Dispareunia

Sucede cuando la penetración es dolorosa; puede deberse a la tensión o a la falta de lubricación. El hombre normalmente se excita muy rápido y la mujer no. Cuando la mujer no está suficientemente excitada no lubrica y eso hace que duela. La clave, en la mayoría de los casos, es ponerle mucha atención a los preliminares y no apresurarse.

A veces puede doler por otras causas como una infección o un problema anatómico. Acude al ginecólogo para que descarte algún problema físico.

## Problemas de erección

Es cuando el hombre no consigue una erección o la erección no es lo suficientemente fuerte para lograr la penetración. En los hombres jóvenes esto es normalmente un indicador de un problema de salud. Deben ir al médico inmediatamente, pues si fuera diabetes el tratamiento debe comenzar de inmediato.

## Eyaculación precoz

Es el problema más común entre los hombres jóvenes. Consiste en que no logran sostener por tiempo suficiente el contacto sexual, pues eyaculan demasiado pronto. Aunque no lo creas, lo normal es que los hombres eyaculen pronto, y sólo necesitan aprender a controlarse. En términos generales, un hombre dura sólo cuatro minutos dentro de la mujer antes de eyacular. Así, lo común es que sea un problema de control y falta de experiencia. Si ves que después de varios intentos tu chavo no se puede controlar, convéncele de que vaya a un sexólogo: en poco tiempo aprenderá a alargar el contacto.

BROKEN HEARTS 0

# CORAZONES ROTOS

# Cuando una relación termina o debe hacerlo

**S**i hay un día que me gusta poco, es el de los enamorados. Tu chico, para hacerte sentir especial, decide comprarte una rosa o chocolates y te invita a cenar a un restaurante lleno de mujeres que, igual que tú, llevan una rosa en la mano. ¿Por qué no harán el esfuerzo todos los días? ¿Por qué sólo hay un día "especial" para eso?

Casi desde que amanece, el tráfico es insoportable, el *valet parking* tarda horas en devolverte el coche, mientras tú, como una tonta, sujetas tu rosita medio marchita tratando de ser *nice*.

Mi mamá dice que tenemos que agradecer que se celebre ese día, ya que una vez casadas tenemos garantizado que al menos el 14 de febrero nos consentirán. ¿Lo pueden creer?, ¡qué patético! Si alguna vez notan que me he vuelto una resignada así, por favor, dispárenme.

Debo reconocer que por mucho tiempo esa fecha me gustó, hasta que recientemente sucedió lo fatal y se convirtió en uno de los días más trágicos de mi larga historia de amores. De todos los hombres que han abarcado mis brazos, él fue quien más me marcó. Para mí, una cosa son los hombres y, otra, Ulises. Él está en la categoría "amor de mi vida".

Nos conocimos en la presentación de un perfume masculino. Clau había quedado con uno de sus múltiples galanes y quería que yo la acompañara como su accesorio de moda: detesta salir sola y yo soy la única del grupo que no tiene problemas con estar allí. Además, no me apetecía quedarme en casa. El día había sido largo y no muy bueno, y como no me gusta acostarme de mal humor, acepté. A las once le dije a Clau: "Te han dejado plantada, ¿qué te parece si nos vamos a casa?". "Pues sí, qué poca educación, no pudo ni llamarme". A la salida, cuando no esperaba nada, un chavo de cabello castaño y hermosos ojos verde felino, me preguntó: "¿Van a ir a la fiesta sorpresa?". Clau dijo: "Ya hemos tenido suficientes sorpresas por esta noche, gracias". "¿Dónde dices que es el evento secreto, digo, sorpresa?", pregunté, regándola como siempre que me pongo nerviosa. "A una cuadra de aquí", respondió. "Es de un amigo nuestro, fotógrafo. Es un *cocktail*-exposición. Estará muy bueno". No le costó mucho convencernos. Ulises y yo íbamos a la cabeza. Él me preguntó: "¿Te gusta David Bowie?". "Claro", contesté. "¿Cuál es tu canción preferida?". "*Space Odyssey*". "Bonita y con gusto", dijo en voz alta. "Coqueto y con buen trasero", correspondí. Los dos sonreímos a la vez. A partir de ahí conectamos. Para no hacer de ésta una historia larga, a la quinta *date* ya estábamos saliendo.

Pasaron los días y luego los meses. Las cosas iban muy bien. Él vivía en Monterrey. Cada jueves volaba a Méxi-

co para pasar viernes, sábado y domingo conmigo. Todo funcionaba de maravilla. No tenía ningún indicio de que estuviera con otra y no comparto la teoría de Clau: "Amor de lejos... felices los cuatro". Los fines de semana eran nuestros. Hacíamos una perfecta vida de pareja; nuestra convivencia era cero conflicto: íbamos de compras; cocinábamos; compartíamos muchas actividades... Habíamos respetado las reglas elementales de las parejas a distancia: constante comunicación, confianza, potenciar al máximo los encuentros comunes. Lo único que me preocupaba era que llevábamos más de un año y Ulises no tenía ninguna expectativa a largo plazo. Cuando yo hablaba de un futuro en común él siempre cambiaba, sutilmente, el foco de la conversación.

No quiero darle más protagonismo del que se merece –porque este libro es sobre mí–, pero para ponerlo en contexto tal vez basta decir que es un hombre como pocos: muy masculino pero nada machista; inteligente pero no petulante; con una fuerza interna muy grande; me consentía mas no se dejaba manipular por mí, algo que a veces las chicas agradecemos. Sabía cuándo tenía que detenerme el paso y cuándo dejarme andar, incluso volar. Sin necesidad de decírselo, me daba un abrazo cuando lo necesitaba. También se separaba de mí para no hacer lo que hacen la mayoría de los hombres: marcar territorio. No se dejaba intimidar por una mujer inteligente, ni entraba en el juego de competir conmigo a ver quién era mejor profesional (en este punto él me llevaba ventaja, pues era mayor que yo; aun así, en aquel entonces yo estaba a punto de dejar de ser una *junior*).

Sé que cuando inició nuestra relación Ulises estaba con otra mujer, lo sé porque en su Myspace quedaron inscritos algunos comentarios donde él le decía que la quería y ella le respondía con palabras cariñosas. Luego suspendió toda comunicación con ella; no le gustaban los dobles juegos.

Los momentos que pasábamos juntos eran especiales, iban más allá del sexo y del cariño; teníamos una conexión espiritual. Hablábamos de filosofía, música, literatura, el calentamiento global y, cuando no teníamos nada qué hacer, los silencios eran hermosos. Pero al final del primer año comenzó a estar más ocupado y venía menos a verme. Ya le había pedido varias veces que nos mudáramos

juntos, que dejara Monterrey y se viniera a vivir conmigo (él jamás lo propuso); de hecho, cuando se tocaba el tema, reconozco que yo no lo enfrentaba como debía: en vez de poner las cartas sobre la mesa y ser directa, lanzaba algunas insinuaciones y hacía bromas al respecto, tipo: "Sería tan lindo que pudieras quedarte a dormir el lunes"; luego, si no obtenía respuesta, como generalmente sucedía, me enfurruñaba y hacía que todo pareciera un remilgo o un capricho. Él estaba en una situación cómoda, pero yo sabía que la relación no iba a ningún sitio. Sin que me diera tiempo para notarlo, nos acercamos peligrosamente a nuestro segundo aniversario. Comprendí que tenía que ponerlo entre la espada y la pared: si él no quería más compromiso, tendría que considerar desconectarme de la relación que, desde mi perspectiva, no era equitativa: yo estaba dando mucho más que él. Antes de tomar la decisión, le escribí a Silvia contándole la situación. Eso fue dos días antes del 14 de febrero.

## Mi querida Silvia:

Hoy más que nunca necesito tu apoyo. Estoy a punto de cumplir dos años con mi novio, Ulises. Nos llevamos perfecto y disfrutamos estar juntos, nos gustamos y reímos. Pero creo que hemos llegado al punto en nuestra relación donde necesitamos crecer como pareja, arriesgar más, hacer planes... No quiero usar la palabra "compromiso" con él porque sé que a los hombres les causa fobia, pero cuando le insinúo que de algún modo necesitamos pasar a otro nivel, me topo con un muro, me ignora o me toma a broma. Yo trato de hacerme la *cool*: "Aquí no pasa nada", pero sí pasa. Muchas veces me sorprendo fantaseando cómo sería si viviéramos juntos, cómo sería un bebé nuestro... No es que quiera embarazarme el próximo año, es sólo que siento que una parte de mí quiere más, y negarla sería una especie de suicidio espiritual, porque esos deseos se conectan con mis anhelos más íntimos y verdaderos.

## La respuesta de Silvia

Mi querida Eva, primero quiero disculparme por no haberte escrito antes. Desgraciadamente yo también estoy lidiando con algunos problemillas que ya estoy por solucionar.

¿Te has preguntado por qué Ulises no quiere que la relación avance más? ¿Qué pasaría si te dijera que no quiere ir más allá contigo? ¿Lo dejarías verdaderamente porque piensas que la relación tiene que acabar o porque quieres provocar una reacción en él? Debes responder estas preguntas con honestidad y estar muy segura antes de actuar para que puedas asumir las consecuencias de tu decisión.

Pero, antes de hacer cualquier cosa, te propongo un método que te ayudará a tomar la decisión. En la siguiente página te incluyo un esquema para que sea más fácil. Es importante, Eva, que pienses en las siguientes preguntas y que las respondas: ¿lo amas o no lo amas? Si lo amas, obvio que quieres seguir la relación. Ahora, pregúntate: ¿me ama o no me ama? Y aquí la respuesta no es simplemente "sí" o "no", puede ser también "esta persona no me ama lo suficiente", y considerando esa respuesta debes decidir. Llevas dos años con Ulises, ¿crees que puedes conseguir que te ame más?, ¿cuál es el precio que estás dispuesta a pagar por ello?, ¿cuánto estás dispuesta a luchar por su amor antes de que te canses? Eva, tienes que estar segura de todo esto. ¿Hasta qué punto un hombre que no tiene interés en generar objetivos comunes te ama lo suficiente? Desgraciadamente, la mayoría de las decisiones que tomamos en la vida tienen una parte positiva y una negativa, y hay que aprender a vivir con ambas.

# Preguntas guía para saber si debes seguir o no con tu pareja

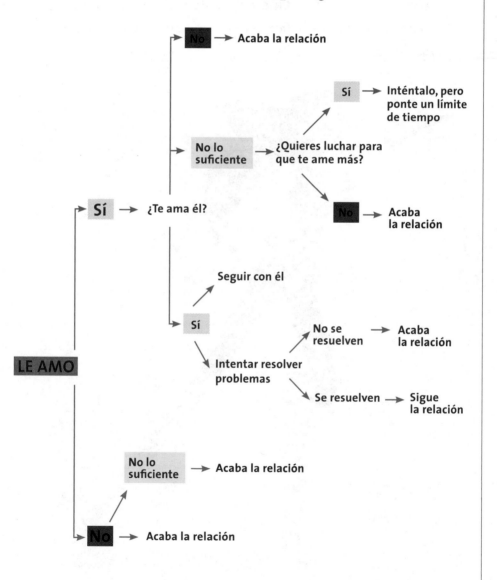

No → Acaba la relación

Sí → Inténtalo, pero ponte un límite de tiempo

No lo suficiente → ¿Quieres luchar para que te ame más?

No → Acaba la relación

Sí → ¿Te ama él?

Seguir con él

Sí

Intentar resolver problemas

No se resuelven → Acaba la relación

Se resuelven → Sigue la relación

No lo suficiente → Acaba la relación

LE AMO

No → Acaba la relación

Me desmoralizó mucho la respuesta de Silvia, yo quería que me dijera exactamente lo que tenía que hacer y no que me dejara la decisión a mí. Después, a solas, examiné el esquema y tristemente llegué a la conclusión de que yo sí lo amaba y él no me amaba lo suficiente. Así que estaba decidida: lucharía por la relación con todo lo que te-

nía, pero a ese chiquitito le iba a lanzar un ultimátum, en el que en un plazo de seis meses... mejor, un año, para no presionarlo tanto –bueno, bueno, no me juzguen, no hay que ser tan duras–, teníamos que irnos a vivir juntos; de lo contrario, la relación acabaría ahí.

Para tomar fuerzas decidí llamar a la Moji, ella es una auténtica odia hombres y encuentra todo tipo de razones para evidenciar que uno no te quiere. Lo curioso de ella es que no tiene verdaderas razones para odiarlos. Sus historias amorosas siempre son aburridas: los conoce, se hace la difícil, los enamora y luego los tiene sometiditos hasta que se aburre de ellos. Pero entre el punto inicial y el punto final pasa mucho tiempo: sus relaciones son a muy largo plazo. Su novio actual es un amor, no sé como la soporta. Todo tiene que ser como ella dice y lo peor es que la ojito alegre es ella, no él. El único trauma de la vida de Moji creo que fue la separación de sus padres y su mamá fue la que dejó a su papá por otro. Probablemente ese odio tan visceral hacia los hombres viene de su adicción a las telenovelas: es capaz de seguir dos a la vez.

Cuando le hablaba de Ulises, Moji cambiaba de cara, pasaba de corderito a lobo. Esa vez que le marqué por teléfono, mientras le contaba podía imaginarme cómo salivaba y le brillaba el colmillo: "Definitivamente ese hombre no te merece, ¿tú crees que alguien que está enamorado de ti prescinde de tu presencia la mayor parte de la semana? ¿No se te hace raro que a partir de las nueve de la noche desconecte su teléfono?, ¿tú crees que eso es amor?". "Se va al gimnasio", contesté. "¿Ahora se llama 'gimnasio'?, ajá, seguro Eva. Mira, piensa mal y acertarás. Despierta, amiga, eso de ser tan buena con los hombres no funciona. Además

tú eres mucha mujer para él". Para Moji no hay nadie que me merezca. "¿Tú crees? Pero yo lo quiero de verdad... En fin, gracias, Moji, luego te cuento qué pasó".

Definitivamente le lanzaría un ultimátum a Ulises: "Escucha, cariño, o nos vamos a vivir juntos en un año o terminamos la relación".

Ese día me puse más bonita que nunca, no quería que dudara un momento que yo era el amor de su vida. Me arreglé las uñas, el pelo, incluso me ricé las pestañas, cosa que nunca hago. Quería que me deseara y que pensara que no me podía dejar ir; que se diera cuenta de la gran mujer que podía perder si no reaccionaba a mi ultimátum. No, nada de drama: o las cosas cambiaban o se acababa la relación.

Quedamos en el restaurante –repito: era 14 de febrero– y cuando lo vi llegar no pude evitar derretirme. Esa mirada felina a lo Leonardo Di Caprio, pero más madura, me volvía loca. Pedimos una entrada, él me dio un ramo de flores y, como un millón de mujeres en ese día, actué sorprendida. "Gracias, cariño, no te hubieras molestado". Al menos no era de los ramos que se compran en los semáforos, se había tomado la molestia de ir a la florería. "Estás muy guapa", me dijo. El que estaba guapo era él, tanto que consideré dejar la charla para después de una noche apasionada. Pero no, me recordé a mí misma las palabras que le escribí a Silvia. Para cuando llegó el postre casi estaba preparada, pero antes quise ir al baño, necesitaba arreglarme un poco y ordenar mis ideas. Respiré profundamente, me mire al espejo y me dije: "Valor, Eva, todo va a salir bien".

Al regresar me senté, cruce las piernas, me eché para atrás el cabello, respiré y dije: "Ulises, tengo que decirte una cosa". "Espera, yo también", atajó. "Uff –me dije–, ¿y si me propone matrimonio y todo este sufrimiento ha sido en vano? Todavía no estoy preparada para casarme, pero de que te comprometes hasta que te casas puede pasar mucho tiempo. Nos iríamos a vivir juntos a mi casa, tendría que quitar mucha de la ropa que tengo en mi clóset, repartir el espacio del baño... ¡va!, no hay problema. ¡Qué lindo!, esperó hasta el día de los enamorados para darme la sorpresa. Qué mal pensada es la Moji". Todo eso sucedió en una fracción de segundo. Antes de que él volviera a hablar estuve a punto de darle un beso de esos que ves en las películas y gritar: "¡Sí! Yo también te amo y quiero que estemos siempre juntos". En vez de eso, me escuché decir: "Bueno, habla".

"Eva, quiero decirte que eres una mujer maravillosa y que no creo que haya en el mundo una persona tan inteligente, valiosa, guapa, generosa y pasional como tú. Lo tienes todo". "Bueno, lo tengo todo porque te tengo a ti, mi amor", le dije. "Y creo que te mereces ser feliz". "Nos merecemos ser felices, amor", le susurré y le sonreí de manera muy coquetona. "Eva, creo que no estoy siendo honesto con mis sentimientos...", Ulises guardó silencio un instante y yo comencé a dudar, a no entender lo que sucedía. "¿A qué te refieres?", le pregunté. "Eva, no quiero hacerte daño". "No te preocupes –pensé–, mi libertad no la voy a perder por ser una mujer casada", ya me estaba impacientando. "¿Qué quieres decirme, Ulises?". "Mi decisión es fruto de una profunda reflexión, no estoy enamorado de nadie más, pero creo que nuestra relación no va a ningún sitio. Estoy bien contigo pero no nos veo juntos en el futuro. Prefiero dejarlo ahora a seguir y ponerte los cuernos. Quiero que acabemos siendo lo buenos amigos que somos. Creo que ambos nos merecemos ser felices: yo con una mujer que ame y tú con un hombre que te ame como te mereces". El mazazo en la cabeza fue tal que no pude pronunciar ni una palabra. Sentí que un puñal me atravesaba el pecho. El escalofrío fue tan grande que me paralizó. Me quería poner a llorar ahí mismo.

En ese momento descubrí que era el hombre que más amaba en el mundo y que había estado ciega. ¿Qué había hecho mal? ¿Por qué me dejaba? ¿Fui demasiado fácil? Le pedí que me llevara a casa.

En el coche no pude evitarlo y las lágrimas me rodaron por la cara, al principio de una en una y luego a borbotones. Eran lágrimas negras, estaban cargadísimas de las toneladas de rímel que me había puesto y que, desgraciadamente, no era a prueba de agua. No dejé de llorar en todo el trayecto. Cuando llegamos a la puerta de mi departamento me dijo: "Eva, de madrugada vuelvo a Monterrey, sólo vine a hablar contigo, te tengo que dejar aquí". Me dio un abrazo de despedida y agregó: "Espero que me puedas entender y perdonar". "No me dejes, Ulises, no ahora. Sube a casa conmigo". "Eva, no está bien. Por el bien de los dos es mejor que subas sola". "Es la última cosa que te pido. Quédate conmigo hasta que me duerma... por favor", le dije con voz de borrego moribundo y conseguí que subiera. Nos sentamos en el sofá, puse mi cabeza en sus piernas y mientras él me acariciaba la cabeza yo seguía llorando y le preguntaba una y otra vez: "¿Qué hice mal? ¿No soy lo suficientemente bonita? ¿Qué me falta para que me ames?". "Eva, tranquila" me dijo, pasando su mano sobre mi pelo. "Ulises, no puedo vivir sin ti, sin ti no soy nada". Me incorporé súbitamente para mirarlo de frente: "¿Te puedo pedir un último favor, Ulises? No me dejes dormir sola. Quédate aquí". "Bueno, dormiré aquí y mañana tomo el segundo avión a Monterrey, pero creo que lo mejor es que nos dejemos de contactar durante un buen tiempo".

Me quedé dormida. Al levantarme estaba sola, el dolor de cabeza era insoportable. Fui al baño, me miré al espejo y mis ojos estaban tan hinchados que parecía que había sostenido algunos rounds con Julio César Chávez. No era más que un sapo abandonado. Una infeliz, horrorosa, sapo verde, abandonada... Un momento: ¿y si todo había sido una pesadilla y él llegaba a cucharearme?

Ay, pero no, al inspeccionar detenidamente el departamento me di cuenta de que no quedaba ninguna camisa suya en el clóset y de que había tomado todas sus cosas: su cepillo de dientes, sus tenis, sus patines... todo. Definitivamente quería salirse de mi vida. Me puse a llorar nuevamente. Esta vez estaba casi dando aullidos de dolor. El teléfono sonó varias veces. Decidí tomarlo por si era Ulises para decirme que se había arrepentido. "Bueno", dije. "Eva, soy Moji, ¿que tal todo? ¿Le diste su merecido?". Me quedé callada y empecé a llorar. "Te dije que no te merecía –dijo Moji–, semejante mugroso. Voy para allá, nena, llego en media hora".

Moji se quedó conmigo esa noche, me masajeó la espalda y ordenó un poco la casa. Al día siguiente llegaron las demás. Todas se quedaron con la boca abierta al ver mis ojos al más estilo Garfield. "Lo sabía –me dijo dijo Clau–, ojos que no ven, resbalón que te pegas. Y tu caída ha sido en picada". "Lo último que necesita Eva ahora mismo es tu refranero cutre", dijo Clara. Ese día vimos una película en casa y, ahora que lo pienso, creo que no se dieron cuenta de que la película que eligieron no era la más adecuada, se llamaba *La boda de mi mejor amigo* y básicamente es la historia de una mujer que ve casarse con otra al hombre de su vida. Salvo el tema de la película, el resto me ayudó a despejarme un poco. Nos saltamos todas las dietas y a las diez de las noche les dije que me apetecía estar sola.

Cuando se fueron me quedé ensimismada, tumbada, mirando un punto de mi cama con un nudo en el estómago y los ojos hinchados, los sentía enormes, tanto como al dolor de cabeza. Decidí escribirle a Silvia; el correo básicamente empezaba y continuaba así: "Él me acabó dejando. No me amaba lo suficiente. ¿Por qué me hizo esto? ¿Por qué a mí?, Bla, bla, bla... buuuu...".

## La respuesta de Silvia 💋

Mi querida Eva, me imagino el dolor tan grande que te habita y no sabes cuánto lo siento. Ahora mismo tienes que dejar pasar el tiempo. Las heridas causadas por el amor son parecidas a las físicas: se necesita esperar para dejarlas cicatrizar y no hacerlas crecer. ¿De qué te sirve buscar razones? De nada; por ahora necesitas saber que no es posible evitar el dolor, pero que está en ti que pase más rápido. Si te aferras a buscar culpables la situación puede empeorar, porque no permites que el momento se vaya, lo retienes y, al hacerlo, es como si metieras el dedo en esa gran herida emocional y así sólo conseguirás hacerla más grande, hasta que se infecte y se expanda al resto de tu vida. Pero repito: depende de ti.

No te martirices pensando de quién fue la culpa. Él ya tomó la decisión y no está en tus manos explicarla o cambiarla. En muchas ocasiones, que una persona te deje

de amar no es tu responsabilidad, no fue causado porque hayas hecho o dejado de hacer, puede ser que literalmente ya no se sientiera atraído hacia ti. Es como si de la noche a la mañana a alguien que siempre le gustaron los limones le dejaran de gustar y prefiriera las manzanas. Sé que eso no es lo que pasa normalmente, pero puede suceder. Por otra parte, a veces la gente permanece en una relación por inercia y no la deja por miedo. Que Ulises haya sido honesto contigo, si no te amaba lo suficiente, es lo mejor que pudo haber pasado, aunque ahora no lo puedas ver así.

Acepta su decisión y, poco a poco, saldrás adelante con ayuda de tus amigas y de la gente que te quiere. Intenta practicar algún deporte y no dejes de comer, un cuerpo débil hace más profundo el sufrimiento. En cambio, el ejercicio ayuda a liberar endorfinas, unas sustancias que te hacen sentir bien.

Me pareció muy triste lo que me dijo Silvia pero, por otra parte, ella es psicóloga, no diosa; y supongo que en el fondo sentirme bien dependía de mí, aunque en ese momento simplemente me faltaba fuerza para entenderlo así. De cualquier forma le hice caso, confié en lo que me decía y puse en acción el piloto automático: trabajaba mucho, comía bien, hacía ejercicio y no tomaba nada que me alterara el sueño, para dormir mejor.

## La decisión de Eva

Pasados casi dos meses desde que Ulises me había dejado, descubrí que hubo muchas cosas que hice mal. Pensé que si las cambiaba, la relación podía volver a funcionar. Obviamente, él había desistido porque no supe escuchar, pero si yo lo hubiera escuchado y me hubiera ido a Monterrey en vez de esperar a que él cambiara toda su vida por mí; la relación hubiera funcionado, estoy segura. El hecho de que no quisiera volver a verme era indicativo de que me quería y de que si permanecía en contacto conmigo podría enamorarse nuevamente de mí. Con esto en mente pensé en mis opciones.

Si tú fueras Eva, **lucharías por el amor de tu vida, Ulises, e irías a Monterrey a visitarlo.** Hombres como él hay muy pocos en el mundo, es muy tonto desaprovechar la oportunidad de oro que la vida te dio. Finalmente, si una vez se quisieron, podían volver a hacerlo. Que fuera totalmente honesto y decidiera terminar para no quitarte el tiempo es una prueba más de lo mucho que vale y de que le importas. Decides tomar el siguiente vuelo disponible y llegar sin avisarle para sorprenderlo. Si ésta es tu decisión, ve a la página 188.

Si tú fueras Eva, **llamarías a Ulises por teléfono para aclarar algunos puntos y, si todo sale bien, retomar la relación.** Finalmente, terminar una relación es un proceso largo y doloroso, no se cierra de golpe, sobre todo cuando hay amor y muchos sentimientos de por medio. Si ésta es tu decisión, ve a la página 196.

Si tú fueras Eva, **dejarías de luchar por el amor de Ulises y te concentrarías en aceptar que no volverás con él.** Lo decides aun cuando sabes que es el amor de tu vida, y lo extrañas cada día... Aunque lo piensas con frecuencia, sabes que él o no te quiere lo suficiente, sin importar los motivos o las razones. Si ésta es tu decisión, ve a la página 200.

Si en realidad no te interesa mucho este aspecto de la vida de Eva, **pero deseas saber más sobre cómo afrontar las rupturas,** ve al *Manual de primeros auxilios sobre la ruptura amorosa y la codependencia,* en la página 203.

## Eva decide luchar por el amor de Ulises y va a Monterrey a buscarlo

Decidí que por amor haría todo lo que antes no intenté. Esta vez sería yo quien tomara un avión: durante nuestra relación siempre fue él quien viajó a la Ciudad de México. Una vez en el aeropuerto, me sorprendió descubrir la cantidad de tiempo que se perdía en el ir y venir de un lado a otro. El rollo del equipaje, pasar por controles de seguridad... entonces comprendí todo el esfuerzo que Ulises hizo por mí.

Al salir del aeropuerto de Monterrey tomé un taxi y le di la dirección de la casa de Ulises. Hacía mucho calor y el cambio de tiempo me había afectado, por el sudor se me había corrido el maquillaje (normalmente no uso casi maquillaje, pero en esta ocasión quería hacer el esfuerzo completo).

Cuando llegamos, el taxi me dejó en la entrada de su edificio; su departamento era el 202. Llamé para que me abriera la puerta y no me contestó. Esperé en la calle a que alguien entrara o saliera. Después de un rato, una mujer de unos 25 años, muy esbelta y bronceada, con los brazos llenos de bolsas, me abrió la puerta. Se subió en el mismo elevador que yo, y me preguntó: "¿A qué piso?". "Al dos", respondí. "Igual que yo", sonrió. Al bajar fui directamente a la puerta. Ella, un tanto sorprendida, me dijo: "¿A quién buscas?, éste es mi departamento". Inmediatamente

la furia se apoderó de mi cabeza y pensé: "Este descarado no tiene vergüenza, a un mes de dejarme y ya con novia, al puro estilo regiomontano". Lo primero que haría cuando lo viera sería darle un zapatazo, al puro estilo chilango. "A Ulises", le respondí con aire altivo. "Ulises era el anterior inquilino de este departamento, ya no vive aquí". ¡Uff, qué alivio!, se me hubiera hecho muy raro que a Ulises le gustaran las rubias jirafonas.

"Maldición, ¿y ahora qué hago? Lo único que me queda es la dirección de su oficina, mi opción es ir allí...". Me armé de valor y tomé otro taxi, que tardó más de media hora en llegar. Todo el trayecto tuve un auténtico nudo en el estómago. Pregunté por él en recepción y una señorita con auricular de diadema me señaló el lobby con una sonrisa perfecta y vacía: una salita con sillones blancos y mesas de cristal; el sitio era una mezcla de hospital y cafetería galáctica. Esperé 20 minutos, que se me hicieron como 10 horas. Cuando lo vi bajar, no podía creer lo guapo que estaba, tenía un ligero bronceado y la ropa le sentaba perfecto. Dio una mirada de rastreo en plan águila real a todo la sala, y cuando me vió, sonrió: "Eva, ¡qué sorpresa!", después me dio un beso en la mejilla. Su sonrisa de alegría no correspondía con la frialdad del beso. "¿Qué haces en Monterrey?", "Vine a verte". "¿A verme? ¿Y cómo es que no me llamaste?". Le sonreí y lo miré a los ojos con expresión pícara: "Quería darte una sorpresa". "Pues sí me la has dado, no te voy a engañar. ¿Quieres que vayamos a tomar un café al lado?". Me ayudó con mi maleta de mano y fuimos a la cafetería que estaba, literalmente, al costado de su oficina.

El sitio era muy frío. Escogimos una mesa redonda y pequeña, a nuestro lado estaba la fila de personas que esperaban, mientras un hombre decía en alto los números correspondientes a los platillos pedidos. Así resultaba muy difícil tener una conversación íntima. "¿Y qué te trae por aquí, Evita?". "Tú", respondí. Me miró y, sonriendo, me dijo: "Sigues con esa cabeza dura de siempre...". Lo interrumpí para dar rienda suelta al discurso que había memorizado: "Sé que no me puse en tu lugar tanto como debí, que fui una egoísta y que te tendría que haber apoyado más con tu trabajo, me centré demasiado en mi carrera, no cociné todo lo suficiente y tendría que haber hecho el esfuerzo para aprender a esquiar, pero es que soy muy torpe y me daba vergüenza". "Eva —me interrumpió—, detente, por favor, no me vuelvas a hablar así nunca más, no tienes por qué cambiar, eso es lo que te hace especial. Además, veo imposible que aprendas a cocinar, pero recuerda que tú eres mucho mejor que yo para los temas de plomería, por eso estábamos muy bien complementados". "Sí –dije–, éramos la pareja ideal, la Angelina Jolie y el Brad Pitt de México, pero sin niños". "Yo te quiero mucho, pero no te veo como mi pareja, simplemente no estoy enamorado de ti. Lo fácil para mí hubiera sido mantenerte ahí durante años hasta que encontrara mi media naranja, pero eso no sería justo para ninguno de los dos, no estaría bien". "¿Qué hice mal?", repetí. "Ya me empiezas a enfadar un poco, Eva. No hiciste nada mal. Yo creo que justo eso fue lo que pasó. Me lo pusiste todo demasiado fácil y soy un hombre que funciona por retos, o quizá simplemente no me gusta que me traten tan bien". "¿Te refieres a que me acosté demasiado rápido contigo?". "No, en absoluto, es más, a mi parecer te hiciste un poco del rogar en ese aspecto". "¿De verdad? –le dije–, pues todavía no sé qué podría haber hecho mejor". "Eva, el problema soy yo, a mí me gusta que me hagan daño, que me maltraten, lo necesito para engancharme con alguien. Me hago adicto a las relaciones tortuosas que me hacen sufrir, y tú lo pintaste todo muy feliz. Es muy triste y lo sé, por eso creo que estoy condenado a ser infeliz y tú estás condenada a ser feliz". "No entiendo", le dije, francamente sorprendida y enfadada. "Sí, tiendo a involucrarme en relaciones conflictivas, aparentemente tengo un vacío o un déficit emocional que me engancha emocionalmente con las mujeres que me tratan mal." "Pues estás muy mal, Ulises, y a mí eso de utilizar el látigo no me va nada bien".

Me lo pudo haber dicho más alto pero no más claro; sin querer se me volvieron a caer las lágrimas, ya todo estaba dicho. Me había dejado por ser demasiado buena.

Por eso Clau los enamora, porque es una auténtica Cruela de Vil. "¿Dónde vas a dormir hoy?", me preguntó. "Si te soy sincera, había pensado que tras pedirte personalmente que volvieras conmigo, acabaríamos en tu departamento, por lo que no he buscado hotel. Pero tengo un amigo de la universidad que trabaja en un hotel boutique, al más estilo hollywoodense, que acaban de abrir. ¿Me prestas el teléfono y lo llamo?". Me alejé de él, marqué y salió un buzón de voz que decía: *"Hi, this is Roberto. Unless you look like Justin Timberlake, don´t bother leaving a message"*. "Roberto —le dije—, no me parezco a Justin Timberlake, pero me alegra que hayas salido del clóset y que tu inglés ya no parezca de vendedor de hamburguesas. Estoy en Monterrey, sé que todavía te acuerdas de mí, aunque ya mis cejas no son a lo Frida Kahlo y perdí la vergüenza. Espero que llames a una vieja amiga a la que le gusta que la maltraten. Te dejo el teléfono del amigo con quien estoy...". A los tres minutos sonó el teléfono de Ulises. Inmediatamente contestó: "¿*Diga*?". "Hola, soy Roberto, ¿me puedes pasar a Eva?". "¡Robertoooo!", grité. "Nena, ni se te ocurra volverme a llamar con tan poca antelación. La próxima vez no te contesto, pero me mata la curiosidad de ver cómo te dejaste las cejas". "Tú siempre tan dulce, Roberto, yo también te quiero". "Nena, vente, tengo un Martini *very berry* esperándote". Cuando colgué, le pedí a Ulises que me llevara al hotel donde estaba Roberto. "¿Con quién vas a dormir?", me preguntó. "Con Roberto". "Pues para estar tan destrozada, qué fácil se te hace compartir cama con otro hombre", me dijo, compungido. "Como tú dijiste: merezco ser feliz y desperdiciar este viaje así, no vale la pena". Obvio no le iba a decir que él tenía más posibilidades con Roberto que yo.

Paró el coche frente a la recepción del hotel. "Eva, ¿estás segura de que quieres dormir aquí y no en mi casa?". "Completamente. Nos hablamos", le dije. "Sí, pronto", me contestó. Para aquellos que no son mexicanos, cuando alguien te dice: "Nos hablamos", en realidad está diciendo: "Espera sentada porque la llamada quizá demore años o no llegue nunca." De hecho, es una técnica muy utilizada entre los amantes bandidos después de una noche loca, una forma sutil de despedirse y de no decir directamente que no quieren saber nada más de ti. Le di un beso en la mejilla, no pude evitar abrazarlo, me volvieron a brillar los ojos y evité mirarlo.

Entré a la recepción del hotel y sentí un cambio total de ambiente. De pronto toda la tensión de las horas previas se esfumó. Parecía hotel de playa, pero con un toque sofisticado. La gente vestía de manera muy casual, casi *hippie*, pero podías ver que sus accesorios, como gafas y bolsos, eran de marcas completamente fuera de mis posibilidades. A mano derecha había unos sofás redondos con gente sentada en ellos; trabajaban en sus computadoras y escuchaban música. Al fondo había un bar que daba a una alberca maravillosa. Me asomé a la entrada y de repente escuché un grito que me hizo brincar: "¡Evita preciosa!". Ahí estaba Roberto: impecable, guapísimo y con toda la pluma del mundo. "¡No puedo creer que me hayas venido a ver al destierro!", me dio un abrazo tan fuerte que me quitó el aire. "Todavía hueles a jazmín", me dijo. Se me había olvidado cuánto me quería Roberto. Durante la universidad estuvimos muy unidos. Yo lo defendía de todo el mundo, no porque me creyera una Juana de Arco sino porque verdaderamente era un ser admirable. Roberto siempre fue especial.

Su sensibilidad para el arte, su refinamiento... desde que lo conocí pensé que era un ser excepcional en un entorno mediocre. Laboralmente creo que podría llegar a ser más que *manager* de hotel, quizá un gran diseñador, pero él se veía muy feliz.

Entregó mi maleta a uno de los botones, me tomó la mano y me llevó a una mesa frente a la alberca. "Amiga, estás hermosa pero se te ve triste. Tengo la sensación de que esta noche va a ser muy larga, pero mejor me lo cuentas detrás de una copa y con vista a la alberca y a estos hermosos galanazos". "Seguro que son todos gays", dije. "Por desgracia no, amiga. Aunque no lo creas la mitad de ellos se volverían locos por tenerte entre sus brazos". "¿Y por qué no lo voy a creer?". "Ya veo que perdiste la modestia mientras me perdí en el espacio, *good girl*", dijo Roberto.

A las cuatro de la mañana la temperatura aún era buena para continuar en la terraza. Seguíamos platicando sobre lo divino y lo humano. "Te confieso, amiga, que me imaginaba que te pasaría esto, y es que le vienes grande a todos los hombres. Te tienen miedo". "Siempre fuimos los raritos de la escuela", respondí. "También Luca me dijo...", "¿El que yo te presenté? ¿Mi ex novio Luca?", le interrumpí. "No, mi novio Luca –dijo él–. Ya era hora de que te enteraras: llevamos juntos tres años". "¿Y todo bien?", le pregunté, con la boca abierta por la sorpresa. "Sí, es un hombre maravilloso", me dijo. "Esto es una clara prueba de que soy un desastre con los hombres", dije. "No, bonita –me consoló Roberto–, es una clara prueba de que soy un hombre i-rre-sis-ti-ble". "Mira la parte positiva: gracias a ti, Luca encontró al hombre de sus sueños, y gracias a Ulises nos volvimos a encontrar tú y yo".

Detrás de esa personalidad incisiva y algo agresiva, se escondía un ser humano sumamente vulnerable y bueno, valiente como pocos, y con una bondad extrema. Me alegró mucho que fuera tan feliz. También me hizo reflexionar, reconocer su valentía: dejó su posición acomodada en México para llegar a ser lo que soñó y llevar la vida que quería.

Pasé un día más en Monterrey. Me dediqué a caminar, a pensar, a darme un tiempo para mí misma y recapacitar. Hacía mucho tiempo que no reflexionaba sobre mi vida y la dirección que llevaba. No dejé de pensar en Ulises, pero su recuerdo no me causaba ya tanto dolor; supe que tenía que superarlo y dejar de meter el dedo en la herida, como dice Silvia, o sufriría más. Quizá ir a Monterrey fue una equivocación, pero en parte me puso los pies en la tierra, me ayudó para dejar de fantasear y aceptar que la relación se había terminado. Así me quedaba tranquila de haber hecho todo lo posible y, bueno, una noche gratis en un hotel lujoso, aire limpio, alberca y sol, nadie me la quita.

Roberto me llevó al aeropuerto. El trayecto de regreso fue muy útil, aproveché para leer el *Manual de primeros auxilios sobre la ruptura amorosa y la codependencia*. Para tu información, yo ya pasé la primera fase. Te lo recomiendo, está al final de este capítulo.

## Eva decide llamar a Ulises por teléfono

Sé que al decirme que ya no me amaba fue sincero conmigo, pero me parece que la forma en que lo hizo, el día y el lugar, no fueron los adecuados; sí, elegir precisamente el 14 de febrero, decírmelo en ese maldito lugar con un montón de personas mirando, sin antes haberme mandado señal alguna o haberme preparado para ello, estuvo muy mal. Acabar una relación tan profunda así, de la noche a la mañana, no se vale. Lo peor es que me pidió no tener contacto por tiempo indefinido. Definitivamente eso no es amar a alguien, no es considerado, es una falta absoluta de tacto y la prueba de que se tiene corazón de piedra.

Ulises me debía algunas explicaciones, las necesitaba. Además quería que se diera cuenta del daño que me había ocasionado. Me armé de valor y decidí llamarlo. Cuando el teléfono comenzó a sonar me puse nerviosísima. "Bueno", dijo. "Ulises, soy yo, Eva", "Ho... la, Eva, ¿qué tal todo?", me contestó de una manera fría pero cortés. "Bien". "Me alegro de que todo vaya bien". Le dije: "Ya hace un mes que no sé nada de ti y necesito hablar contigo. ¿Cuándo vendrás a México?", le pregunté. "En unos meses. Si quieres tomamos algo entonces." "No creo que pueda esperar tanto Uli, ya no aguanto más, esto me está comiendo la cabeza. Si no vas a venir no me queda otra que decírtelo por teléfono –suspiré mientras ordenaba rápidamente mis ideas–. Ulises necesito saber varias cosas..." –se me notaba muy nerviosa y tensa, creo que incluso él identificaba el temblor de mi voz–. ¿Por qué me dejaste? ¿Qué fue lo que no hice bien? Dices que me quieres y que te importo, pero, ¿tienes el corazón tan duro como para no llamarme en un mes, y para irte sin explicaciones? ¿Qué clase de persona eres? Sólo piensas en ti. No hay ser humano que tenga tan poco corazón, que sea capaz de cortar así después de dos años de relación". "No fue así, Eva –dijo Ulises con tono dulce–, no tenía otra opción, la relación ya no funcionaba para mí. Tú siempre dices que lo más importante es la honestidad. ¿Qué tipo de honestidad te estaba dando si ya no te amaba?". "¿Qué hice mal?", repliqué, casi gritando. "Nada, Eva, no hiciste nada mal, sólo que yo estaba contigo por amistad, no te veía como mi pareja a largo plazo... Simplemente no te veía así". "¿Y no me pudiste preparar? ¿Darme algún indicio, una señal? Eres un egoísta. Con la cantidad de cosas que hice por ti". Oí la respiración exasperada de Ulises a través de la bocina. "A ti lo que te disgustó, Eva, fue que te dejara. Lo hubiera hecho como lo hubiera hecho te habría parecido mal. No tienes derecho a hablarme así y menos a reclamarme. Te fui fiel, hice todo lo que estaba en mis manos para que funcionara". "Mientes –interrumpí, sollozando–, te valieron pimiento mis emociones, no me diste oportunidad de cambiar las cosas. Eres un egoísta, sólo te quieres a ti mismo. ¡Te odio!", me eché a llorar y corté la llamada.

Me puse muy mal, tan mal que no paré de llorar durante una hora. Decidí escribirle a Silvia sobre lo ocurrido. Ella me contestó:

## La respuesta de Silvia

¿Así querías acabar la relación, Eva? Creo que Ulises tiene razón: en verdad lo que te dolió fue que te cortara, no cómo lo hiciera. Ulises lo pudo haber hecho mejor, es cierto, pero la verdad es que fue honesto y, si no recuerdo mal, se quedó esa noche contigo para consolarte. Lo llamaste porque estabas enojada, frustrada, dolida y lo único que hiciste fue descargar tu furia sobre él. ¿Satisfecha?, lo dudo. Tampoco creo que hacerte la mártir funcionara. ¿Por qué le dijiste: "Lo que hice yo por ti"? Cuando amas haces las cosas porque quieres y no por sacrificio; no te creas el papel de mártir, Madre Teresa de Calcuta sólo hubo una.

Por otra parte, entiendo lo que hiciste, es una reacción normal pero no la adecuada. Por ahora te has desahogado y cuando Ulises y tú vuelvan a ser amigos tendrás oportunidad de hablar con él y aclarar las cosas. Mientras, aunque no lo creas, puedes sacar muchas cosas positivas de esa llamada: ya sabes que cuando estás nerviosa y emocional debes controlarte mejor, y que tomar el teléfono en esas circunstancias saca lo peor de ti. Creo que gracias a este incidente comienzas a comprender que no volverás con él. Vélo como parte del proceso que seguirás para superar esta dolorosa situación. Hasta que no aceptes que la relación terminó, no podrás avanzar. Evita a toda costa entrar en un círculo vicioso de llamadas en el que en unas te enojas y en otras le pides perdón o justificas tu comportamiento. Acepta que con ello sólo buscas provocar una reacción en él, con la falsa idea de que vas a recuperarlo y, dados los acontecimientos, parece muy claro que él no quiere volver contigo.

No quiero parecer cruel Eva, pero debes ver las cosas tal cual son. No te ayudaría si me pusiera a razonar contigo acerca de si la de Ulises fue la mejor manera o no de concluir la relación, eso está en el pasado y ayudarte a fijar tu atención en lo que ya no es te metería en una dinámica destructiva.

Una vez que aceptes que la relación se acabó, te agradecería mucho que me lo dijeras. Sé que la estás pasando muy mal, Eva. El proceso es largo; sabes que cuentas conmigo. El *Manual de primeros auxilios sobre la ruptura amorosa y la codependencia*, no es la panacea, pero al menos te ayudará a entender mejor lo que estás viviendo. Otra vez repito: aunque no lo creas, vas a sacar muchas conclusiones positivas de esta experiencia. Intenta hacer lo menos traumática posible esta etapa y, sobre todo, recuerda que lo que viviste no implica que en el futuro las cosas serán iguales.

## Eva deja de luchar por Ulises y acepta que no volverán

Últimamente la he pasado fatal. Nunca me imaginé que una ruptura causara tanto dolor. Todo el tiempo siento en mí un vacío indescriptible, como si una parte de lo que soy se hubiera ido para siempre. Ya no me reconozco como la Eva alegre y despreocupada de antes... me da miedo no poder ser feliz nunca más.

Clau y la Moji intentan animarme todo el tiempo, me consienten y me llaman para que salga; hacen cualquier cosa con tal de complacerme. Clara me está enseñando a meditar. Reconozco que soy medio papa en eso, pero me esfuerzo. Aun así, los días me parecen muy largos y sin sentido. No sé qué hacer para sentirme mejor...

## *Mi querida Silvia*:

Probablemente pienses que soy poco luchadora, es más, una perdedora, pero he decidido aceptar que Ulises ya no volverá conmigo. No hay palabras para decirte cómo me siento. Parte de mí está muerta o, mejor dicho, creo que soy un muerto viviente, digo, una muerta viviente. No me apetece comer, salir, arreglarme... nada tiene sentido sin él. No quiero ser trágica, o peor, melodramática, pero mientras escribo esto he tenido que limpiar dos veces mis lágrimas del teclado de la computadora. Cualquier cosa que hago me lo recuerda. Ayer descubrí que él había dejado una bufanda en casa y no pude evitar abrazarla contra mi pecho. Todavía conserva su olor y eso me llevó a recordar un día que fuimos al cine: como el

aire acondicionado estaba muy alto, Ulises me cubrió con su bufanda sin importarle que estuviera comiendo mi *hot dog*, por lo que la manché de *catsup*. Acabamos los dos limpiándola con la lengua al estilo más primitivo o, más bien, sin estilo. No paramos de reír...

Silvia, no sé cómo voy a olvidar tantas cosas maravillosas; todos los recuerdos que guardo en la cabeza, como cuando íbamos a la playa y él me salpicaba para que me mojara el pelo y yo me enfadaba. O su manera de regatear en los puestos de artesanías: él siempre hacía de malo y yo de buena. Nunca me había pasado esto, me empieza a dar pereza hasta escribirte y temo cansarte con este final que ya me parece infinito. Espero que no te moleste, no sé que hacer.

Siento un vacío tan intenso que no sé como explicarlo. A veces me duermo abrazada a la almohada, pensando en él (sí, al más puro estilo José José en su canción de la almohada); sé que está mal, pero al menos me permite dormir. Sólo enfrentarme a la idea de que nunca más me volverá a abrazar o que ya no iremos al cine juntos me hace llorar. Todos los proyectos que teníamos... se han ido a la basura. Imaginar que conocerá a otra persona y que compartirá todas esas cosas tan maravillosas, me tiene rota.

¿Cuánto me va a durar esto? Me parece una eternidad, estoy tan mal como el primer día y, cada vez que abro mi correo, tengo la esperanza de encontrar señales de él. Dime qué puedo hacer, Silvia.

## La respuesta de Silvia

Mi querida Eva:

Aceptar que alguien ya no te quiere como su pareja no es una postura cobarde, sino bastante madura que, de alguna manera, te ahorra mucho sufrimiento, porque a veces aceptar que una relación terminó suele tomar mucho tiempo, ¡algunas personas tardan años o no lo hacen nunca!

Desgraciadamente, las rupturas siempre son dolorosas y suelen ser tratadas como duelos, o sea, como pérdidas. Cuando se ama y se produce una ruptura amorosa es prácticamente imposible evitar la fase de sufrimiento, pero lo que sí es importante es que reconozcas que si después de seis meses sigues en la misma situación, debes ir a un psicólogo, porque probablemente estés sufriendo depresión. Puedo asegurarte que aunque es un proceso largo puedes salir fortalecida de él.

Con respecto a los proyectos en común, seguro hay muchos que puedes realizar sola, no tienes que desecharlos porque él no está contigo. No necesitas abandonarlos, considera aquellos que te haría feliz realizar en soledad, y los que desearías concretar en el futuro.

Sigue escribiéndome, llama a tus amigos, no dejes de ver a tus amigas y lee el manual que te he incluido. Aunque no aminora el dolor, entender el proceso te ayudará a sobrellevarlo mejor. Un abrazo, valiente.

# Manual de primeros auxilios sobre la ruptura amorosa y la codependencia +

Cuando sobreviene la ruptura amorosa y aún amas al otro, sucede uno de los eventos más dolorosos de la vida. Dependiendo del grado de amor que tienes hacia tu ex pareja, de lo unidas que estaban sus vidas y de la dependencia creada, será el nivel de dolor que experimentes durante el proceso de ruptura. En psicología, el tratamiento de una ruptura amorosa es similar al que reciben quienes intentan superar la muerte de un ser querido.

Como todo proceso, el duelo de la ruptura amorosa sigue varias etapas: incredulidad, aceptación, desorganización, reorganización y, finalmente, preparación para ser feliz. Las etapas más dolorosas son las tres primeras.

## 1. Incredulidad

Cuando menos esperada es la ruptura, mayor es la incredulidad. Aun en las relaciones en las que las cosas no marchan bien, la ruptura suele generarla.

La etapa de incredulidad se sostiene en que, por muchas evidencias que haya, te niegas a aceptar que la relación terminó. Esta falta de aceptación puede llevarte a presionar a la ex pareja, provocando situaciones incómodas y difíciles para ambos. En este periodo es común hacer todo tipo de cosas para "recuperar" al otro, de las que sueles arrepentirte después. Ésta es una fase por la que es difícil transitar, porque aunque haya millones de evidencias que digan que esa persona se fue, cualquier gesto, incluso de educación, puede leerse como una señal de afecto.

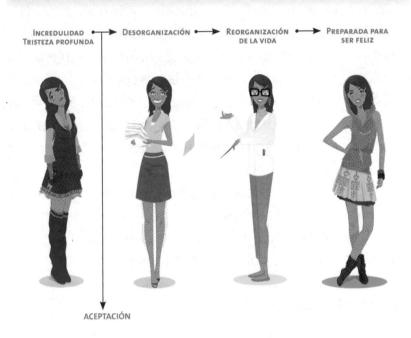

**FASES TRAS UNA RUPTURA AMOROSA**

INCREDULIDAD TRISTEZA PROFUNDA → DESORGANIZACIÓN ⇄ REORGANIZACIÓN DE LA VIDA → PREPARADA PARA SER FELIZ

ACEPTACIÓN

## 2. Aceptación

A la incredulidad le sigue aceptar **que la relación ha terminado**. Se pasa de tener pensamientos como: "Esa persona todavía me quiere" o "Voy a cambiar para que estemos juntos" a: "Se terminó y ya no hay más qué hacer", "No me ama lo suficiente". "Esa relación no funcionaba".

En esta fase tocas fondo; es una etapa de gran sufrimiento. A los sentimientos y emociones iniciales: la ansiedad, incertidumbre y frustración, sobreviene un sufrimiento intenso, como consecuencia de descubrir que ya no está la persona amada y que no volverá. Dependiendo del amor que tenías por el otro, varía el grado de intensidad de los sentimientos dolorosos. En muchos casos, la tristeza es equivalente a la que provoca la muerte de un ser querido.

Si se permanece en esta fase por más de seis meses, es necesario visitar al psicólogo para superar el momento; la tristeza que no cede puede ser depresión.

## 3. Desorganización

Una vez que aceptaste que la relación llegó a su fin, enfrentas la fase de desorganización. Literalmente te sientes perdida y te preguntas: "¿Qué voy a hacer?", "¿Quién soy ahora?", ya que no te visualizas como un individuo sino como una mitad que sólo es un todo con la ex pareja.

El nivel de ansiedad es alto porque la mayoría de los objetivos a largo plazo, las motivaciones o rutinas eran compartidos con alguien. Es una fase donde estás desubicada. Como reacción, buscas imágenes en la memoria y evocas recuerdos para evadirte de la realidad y lograr una felicidad ficticia al sentir o revivir lo que ya no es.

Precisamente por eso es el momento justo para deshacerse de todos los objetos o las cosas que te recuerden al ex. Guardar, fuera de tu vista, o tirar sus fotos, sus regalos y sus objetos personales es saludable, porque exponerse constantemente a los recuerdos provoca más sufrimiento y el objetivo de esta etapa es padecer lo menos posible. Hay que evitar todo aquello que se refiera a la ex pareja. Además, es necesario vivir el día a día y crear una estrategia para evitar recordar a quien amas. Si cada día piensas en o lloras por él, es un avance menos.

**A CONTINUACIÓN TE DOY ALGUNOS TIPS PARA SENTIRTE MEJOR EN ESTA ETAPA:**

- Evita aislarte y centra tu atención en otras cosas.
- No busques cosas que te aíslen, sino las que te lleven a hablar y a compartir con otros. Al hacerlo, generas nuevos pensamientos que te alejan de los recuerdos recurrentes sobre el ex.
- Cuando la ruptura es reciente, si compartes amigos con tu ex, evita verlos.
- Pide a tus amigos que, en la medida de lo posible, no hablen de tu ex pareja. Recuerda que en esta fase es importante deshacerse de elementos que te lo recuerden para reducir el nivel de sufrimiento.
- Evita escuchar canciones significativas para ambos en este momento de tu vida. Opta por las canciones alegres, omite las tristes.
- Haz ejercicio. Recuerda que la actividad física te permite liberar endorfinas, que ayudan a sentirte bien.

## 4. Reorganización

En esta fase el sufrimiento disminuye. De vez en cuando se logra olvidar al ex y se viven buenos momentos. Cuando vivimos el sufrimiento constante que implica la ruptura, no sufrir, aunque sea por un momento, es un gran avance.

En esta etapa empiezas a recuperar el control sobre tu vida: recuperas el ritmo de tus actividades, estableces nuevos objetivos y rutinas o retomas aquello que habías abandonado. Sin embargo, es posible tener recaídas debido a circunstancias que evocan a la ex pareja. Pero, en general, 65 por ciento del tiempo la tristeza no está presente.

Por absurdo o simple que parezca, cada vez que te ríes das un pequeño paso. Organiza eventos, sal con amigos, no te encierres y recuerda: ejercicio, mucho ejercicio.

## 5. ¡Prepárate para ser feliz!

Pasada la fase de reorganización, por fin llega el momento para ser feliz de nuevo. Esto no significa que logres de inmediato un estado de felicidad constante, ya que eso es prácticamente imposible, pero sí que recuperes la sensación de bienestar.

Comienza nuevos proyectos con mayor facilidad y te sentirás nuevamente atraída hacia otras personas. No obstante, éste no es buen momento para buscar al hombre de tus sueños; es más, lo recomendable es tomar las cosas con calma y enfocar tu atención en recuperar tu solidez emocional.

Si puedes, evita reencontrarte con tu ex pareja. Cuanto más tiempo pase, más fuerte te sentirás. No intentes aclarar las cosas; tampoco busques ser su amiga, sería difícil de lograr y pondría en riesgo tu proceso. Quizá en el futuro sea posible, pero necesitarán tiempo. Recuerda que lo que importa es tu bienestar.

También es importante que si empiezas una nueva relación no anticipes o des por sentado, basada en tu experiencia previa, que terminará mal. Recuerda que cada persona es un mundo y lo que no le gustaba a alguien de ti a otro le puede encantar.

# RELACIONES NOCIVAS Y RELACIONES ADICTIVAS

Triste, pero cierto: a veces el amor no es suficiente para que una relación de pareja funcione. Cualquier relación que impacte de manera negativa en tu autoestima, en tu desarrollo personal o simplemente te haga peor persona, es nociva. Si estás en una relación así debes plantearte cambiarla o terminarla.

Mucha gente deposita todas sus ganas y su esfuerzo en que la relación funcione y, sin embargo, no es correspondida. A veces, hagas lo que hagas, si el otro no te ama, seguro no lo hará por más que te esfuerces. Puede permanecer porque tiene una carencia de algún tipo, o requiere de tu afecto, pero eso no implica amor y cuando el problema esté resuelto, te volverá a rechazar. No olvides que una persona te amará por quien eres, mas no por lo que tienes o representas.

## Codependencia

Es un problema común en algunas parejas y muchas ni siquiera son conscientes de ello. Algunos especialistas llaman "adictivas" a este tipo de relaciones. No permaneces con el otro porque lo amas, sino porque lo necesitas de alguna manera. La necesidad es tan grande que te domina y, con ello, te quita la libertad de ser quien eres.

Si de los siguientes puntos cumples con un mínimo de tres, puede que vivas una relación adictiva:

## Cómo saber si somos codependientes

❋ Pierdes tu individualidad, sólo estás centrado en tu pareja.

❋ Te gusta ejercer el control sobre tu pareja.

❋ Necesitas ser el centro de atención de tu pareja, de lo contrario sientes que no te ama lo suficiente.

❋ Vives en constante estado de ansiedad al pensar en tu pareja.

❋ Buscas provocar reacciones en tu pareja constantemente.

Existen distintos tipos de relaciones basadas en la dependencia; te las esbozo a continuación:

## Relaciones de codependencia recíproca

Sucede cuando ambos miembros de la pareja se necesitan de una manera enfermiza. Aunque ya no hay amor, permanecen para cubrir carencias emocionales; por tanto, puede convertirse en una relación nociva. De hecho, tienden a ser relaciones conflictivas, producto de la frustración de ambos, ya que no son felices con la compañía pero tampoco sin ella. Así, estas uniones suelen prolongarse por años, deteriorándose cada día más.

En muchos casos, los conflictos constantes incrementan la adrenalina que, a su vez, aumenta la excitación sexual. Así se forman ciclos que inician con una pelea y terminan con el contacto sexual, asociando, inconscientemente, uno y otro elemento, agudizándose así la gravedad de la relación enfermiza.

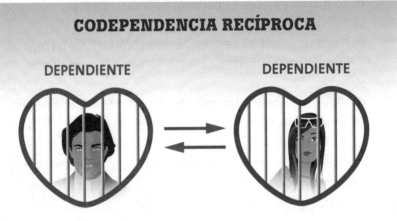

**CODEPENDENCIA RECÍPROCA**

DEPENDIENTE                    DEPENDIENTE

**LAS RELACIONES ADICTIVAS SE SUSTENTAN EN LA NECESIDAD, NO EN EL AMOR**

## Relaciones de dependencia unidireccionales

Cuando es sólo uno de los miembros el que tiene una relación de dependencia del otro, la relación no es sana. En la pareja debe haber un equilibrio sano entre ambos: niveles de enamoramiento y admiración parecidos; de compromiso y admiración. Actitudes como la reciprocidad también necesitan ser equivalentes. Cuando hay un desbalance y un miembro de la pareja ama mucho más al otro o cuando hay un exceso de idealización, se pone en riesgo la permanencia de la pareja, porque el dependiente ejerce tal presión sobre la relación, que aleja a quien ama. En otras situaciones, al no generarse una relación de igualdad, la persona necesitada empieza a abusar del poder que tiene sobre el otro. En el momento que sobreviene el desequilibrio la relación deja de ser saludable.

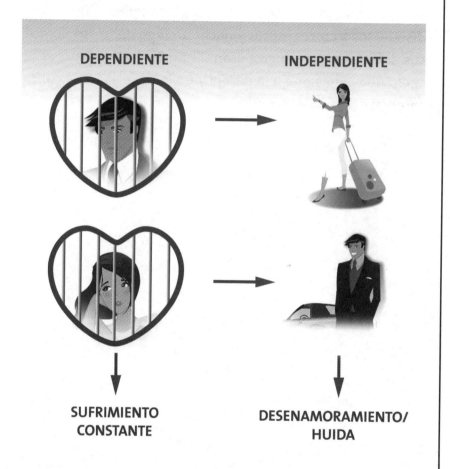

**DEPENDIENTE**          **INDEPENDIENTE**

**SUFRIMIENTO CONSTANTE**          **DESENAMORAMIENTO/ HUIDA**

Cuando uno de ellos no ama lo suficiente a la pareja, el otro se obsesiona con ganar el amor y se vuelve controlador a tal punto que el otro huye de la relación.

Si crees que estás viviendo una relación como las descritas, busca orientación con un psicólogo, quien podrá establecer hasta qué punto tú o tu pareja padecen un problema psicológico (por ejemplo, de autoestima), alguna carencia emocional o, simplemente, hacerte notar que las formas de comunicación o convivencia no son adecuadas.

Recuerda: ustedes no son dos medias naranjas, son naranjas enteras; quizá una naranja y una piña... individuos dispuestos a crecer juntos y hacer un jugo delicioso porque sus sabores se complementan. El amor y el respeto debe ser lo que cohesione a la pareja y no la necesidad de cubrir carencias personales.

# LA MENTE DE EVA

# Sobre la verdadera amistad

**P**ara la mayoría de la gente David era una persona calculadora, fría y sin tacto. Yo nunca pensé así, sino que simplemente era alguien que no sabía comunicar sus sentimientos. Sus palabras a veces parecían demasiado bruscas por su exceso de honestidad. Hablar con él era ir directamente al grano. Yo siempre fui de las pocas personas que podían soportar su opinión desgarradoramente honesta. Le confiaba todo, conocía mi vida entera. No juzgaba, evaluaba. Él era uno de los testigos más importantes de mi historia, un gran amigo. Sabía que su intención al dar una opinión no era herir, por eso acudía a él, porque lo mismo que con Clau, me mostraba una visión más objetiva de mí misma.

David me ayudó siempre a su manera, expresaba que me quería, con hechos. Por ejemplo, recuerdo que en uno de mis primeros trabajos tenía todas mis esperanzas puestas en una campaña publicitaria y estaba muy nerviosa e insegura. Entonces no tenía completo mi equipo fotográfico, me faltaba un gran angular que era indispensable. David sabía lo importante que era para mí. A las once de la noche se presentó en mi casa con una bolsa que me entregó y solamente dijo: "Para ti". La abrí y encontré dentro el gran angular que necesitaba. Me conmovió mucho porque dejó todos sus asuntos para apoyarme. Así era él.

David, además, era sumamente tímido, creo que la mota (la marihuana) tampoco le ayudaba mucho, ya que lo hacía encerrarse aún más en sí mismo. Muchas tardes se quedaba en casa fumando, no hacía otra cosa más que escuchar música, ver cine o jugar video juegos. Era un apasionado del cine, lo que evidenciaba que, en el fondo, era un gran romántico. Se sabía todos los diálogos de *Casa Blanca* y de otros clásicos.

A pesar de que éramos grandes amigos y de que siempre me apoyaba en él, desgraciadamente cuando David tenía un problema, en vez de enfrentarse a él o contármelo, se encerraba en su habitación y fumaba mota con su compañero de depa, que era tan pacheco como él.

Durante el último mes de la facultad, David estaba feliz, salía con una chica que asistía a su misma clase. Nunca hubiera pensado que esa mujer era del tipo de David. Era bastante fresa, muy modosita, no me la imagino aceptando ¡o compartiendo! los vicios de mi amigo; sin embargo, parecía haberle cambiado hasta la apariencia: se veía más elegante, más alto, incluso lo llegué a encontrar guapo, ya no llevaba siempre los mismos jeans, sus tenis parecían más limpios. Su carácter también cambió, su sentido del humor se volvió más irónico y menos ácido.

El día que me llamó y dijo: "Quedamos para comer y de paso te presento a Paola", me quedé completamente sorprendida. Nunca pensé que llegaría ese día para David. Ahora me arrepiento de lo víbora que era con las novias de mis amigos, mi especialidad era encontrar defectos. Para ellas era peor que la suegra, ninguna me parecía lo suficientemente inteligente, guapa o trabajadora para ellos.

Fui con Clau. A los 10 minutos apareció David a lo lejos. Clau se sorprendió: "Si no lo veo, no lo creo". David, agarradito de la mano, como un niño de secundaria. Cuando llegó a la mesa, se le notaba muy ruborizado. "Hola chicas", dijo con un aire al más puro estilo James Bond, completamente atípico en David. "Perdonen el retraso, no había manera de encontrar un sitio para dejar el coche, pero ya lo conseguimos". "Esta zona –dijo la novia– está dificilísima para estacionarse". Ella quería hacer el esfuerzo, pero no se lo íbamos a poner tan fácil, se estaba llevando a nuestro amigo del alma y eso tenía un precio. Tras una hora de plática, Paola preguntó: "Bueno, ¿he pasado la prueba?". Clau y yo nos miramos y nos quedamos calladas, sorprendidas por su franqueza. Ella agregó: "Me comentó David que me la iban a hacer imposible". Clau respondió: "Pues te pensábamos hacer la vida imposible, pero nos gusta cachar

desprevenidas a las candidatas. Hiciste trampa, Paola, creo que debemos de quedar otra vez". Las tres nos reímos y seguimos hablando durante horas. Nos pareció una buena candidata para David; si había una persona que podía hacerle bien a él, era Paola.

Ya llevaban ocho meses cuando David me llamó y me dijo: "Paola me ha dejado. Me ha dejado y ha sido por mi culpa, era demasiada mujer para mí". Me quedé callada y le dije: "¿Estás seguro? ¿No se han enfadado y puede que vuelvan?". "No, ya me había dejado varias veces y ésta me ha dicho que es la definitiva".

Quedé con él en su casa, se le veía frío, tenso, apático, pero me parecía que no lo llevaba tan mal. Si yo hubiera estado en su lugar estaría llorando como una histérica. Sólo me decía: "Qué vida más injusta, perdí a la mujer de mi vida". Yo le animaba y le decía: "Poco a poco, David, te va a doler pero lo vas a superar". Así lo dejé esa noche. Cuando lo llamé al día siguiente para checar cómo estaba y ver si quería salir a distraerse me pidió que le diera espacio: "Eva, en este momento la verdad no tengo ganas; sé que te parecerá raro, pero te pido que no me llames ni me hagas preguntas, siento que me presionas mucho". Me sentí un poco herida, pero así era David: franco, claro y auténtico. Además, cada quien tiene derecho a reaccionar a su manera, ¿o no?

## La decisión de Eva

Había pasado más de un mes y David estaba desaparecido. Dar espacio es una cosa, pero perderse en el Triángulo de las Bermudas es otra. Tenía que hacer algo para ayudarlo. Tras pensarlo descubrí que tenía varias opciones.

Si fueras Eva, **irías personalmente a casa de David a hablar con él para convencerlo de salir adelante,** contrariando sus deseos e ignorando la petición explícita de dejarlo en paz. Si esta es tu decisión, vete a la página 219.

Si fueras Eva, **no visitarías a David, pero lo llamarías para ver qué tal está.** Si esta es tu decisión, vete a la página 224.

Si fueras Eva, **optarías por respetar los deseos de David.** Si esta es tu decisión vete a la página 226.

Si no te interesa lo que le pase a David, **pero te gustaría saber más sobre la depresión y otras enfermedades**

parser<br>

**mentales** ve al *Manual de primeros auxilios sobre suicidio, acoso sexual y enfermedades mentales*, que se encuentra al final de este capítulo, en la página 251.

## Eva decide buscar a David para hablar con él

A pesar de lo que decía Clau, y aunque pensara que era una méteme-en-todo, fui ese mismo día a visitar a David. Cuando llegué a su edificio, toqué el timbre de su departamento muchas veces. Como nadie me contestaba decidí esperar hasta que alguien entrara o saliera. Una vez dentro, como conocía el lugar secreto de la llave de emergencia, la saqué y entré. Sé que suena muy mal lo que les cuento: meterse sin permiso a la casa de alguien más, pero si lo hice fue porque seguí mi intuición. Pasé directamente a la habitación

de David. Mi sorpresa fue monumental cuando abrí la puerta: el olor era terrible, olía a pies, a sudor y a marihuana. El suelo estaba repleto de ropa sucia, sus shorts, sus camisas, todo estaba tirado. Cuando vi a David parecía como si no se hubiera duchado por más de dos semanas. Su barba estaba larga, su pelo parecía una peluca. Tenía la tele prendida y veía un video sobre ritos mortuorios. David siempre se había interesado por temas oscuros, pero eso era demasiado. Me senté a un lado de la cama y le dije, "Dave, no se te ve muy contento." Él respondió: "Déjame en paz, Eva. ¿Qué haces aquí, quién te abrió? Siempre te metes en lo que no te importa". "Te equivocas, David, tú me importas. ¿Te apetece que salgamos a dar una vuelta? ¿Te duchas y salimos a pasear y tomar un helado?". "No quiero, estoy muy cansado, ve tú, yo estoy muy bien aquí". Y se metió bajo la manta como si yo no existiera.

Empecé a ordenar un poco su habitación. Tenía platos de comida sucios que debían llevar allí al menos tres semanas. "David, no sé cómo esperé tanto para venirte a ver, tú no estás bien", le dije. "Estoy perfectamente, déjame en paz, es mi vida y yo elijo cómo vivirla o, 'no hacerlo'". "¿Cómo que 'no hacerlo', David? ¿No vivirla?". "Esta vida es un asco, es un sinsentido, no me parece que valga la pena". "¿No quieres que te ayude?". "Sí, por fi". Me alegré mucho de que hubiera dado ese primer paso, si aceptaba que quería ayuda, el resto sería más fácil, al menos podría estar cerca de él. "Por favor, Eva, tráeme una cerveza de la nevera", me dijo sin mirarme. Con mucha pena fui por ella y le dije: "David, necesito que me escuches, ninguna mujer se merece que estés así. Si con Paola no funcionó ya habrá otras, te lo prometo, soy una experta en que me rompan el corazón, luego se recompone solo." "Me valen las mujeres, el cine, la carrera... Estoy cansado, Evita, ¿cómo te lo puedo decir?". "David, voy a llamar a tus padres". "Si los llamas jamás te volveré a hablar, te lo juro, Eva, déjame resolver mis asuntos". "No veo que los estés resolviendo así, David".

Al día siguiente volví a su casa, aprovechando que él forzosamente tenía que presentarse a un juzgado por un asunto legal. Limpié su habitación de todo rastro de marihuana, sabía que eso no me lo perdonaría, pero dejé las muestras de suciedad y de caos que imperaban en su habitación. Llamé a sus papás a Guadalajara y les dije: "Su hijo está muy mal, necesito que me ayuden a convencerlo de que necesita ayuda". Les conté detalladamente nuestro encuentro de la tarde anterior. Su hermano y su mamá tomaron un avión ese mismo día. Yo había hablado con Álvaro, su compañero de depa, para avisarle que íbamos para allá y pedirle que nos abriera la puerta sin decirle nada a David. Cuando entramos a la habitación, la mamá se puso a llorar: "Mi David, mi amor, ¿qué te han hecho?". David me miró con ojos de cuchillo y le respondió a su madre: "Nada, déjame en paz. Y tú, Eva, no me vuelvas a hablar en la vida, vete de mi casa". "Pero David...", se levantó y gritó "¡Veeeete, para mí estas muerta!". Sus ojos estaban llorosos, muy rojos, y me miraban con un odio tremendo. Salí de la habitación, le di una tarjeta a la mamá y le dije: "Deben llamar a este psicólogo y contactar con él, no se separen de su hijo, su vida podría estar en peligro, confíen en mí, me lo dijo alguien que sabe de esto, es una psicóloga". Bajando las escaleras me puse a llorar. Le había fallado a David, lo había traicionado. Eva traidora, Eva chivata, eso nunca me lo perdonaría.

Decidí escribirle a Silvia, me daba pena, tenía la sensación de que siempre la utilizaba como el Muro de las Lamentaciones, pero esta vez sí que era importante.

## Mi querida Silvia:

Me siento una traidora, acabo de hacer algo que quizá me haya hecho perder a un amigo para siempre. Pensé que era buena idea, pero empiezo a dudarlo. Me metí en la vida de David (de quien te hablé el otro día); llamé a sus papás, ellos ahora ya saben que David lleva mucho tiempo sin ir a clases, saben del desastre que es su vida. No me lo va a perdonar nunca, ¿por qué soy tan tonta? ¿Cómo pude pensar en hacer lo que hice? Me dio pánico Silvia, después de lo que platicamos pensé que su vida corría peligro.

### La respuesta de Silvia 👄

Eva, ¿por qué piensas que lo que has hecho está tan mal? David lleva más de un mes dándote indicios de que su vida corre peligro: no sale de su casa, se droga y demuestra que no tiene ningún interés por vivir. No sólo te ocupaste de llamar a su familia, sino que buscaste otras posibles soluciones. Por lo que me dices, la vida de David está verdaderamente en peligro. Sus intenciones suicidas son claras. ¿Qué te llevaría más tiempo perdonarte: que se suicidara o que dejara de ser tu amigo? Quizá podrías haber hablado con sus hermanos para que ellos intervinieran con sus padres, más que nada porque David se hubiera enfadado menos, pero hiciste lo adecuado. Por lo que me dices sobre David,

padece síntomas de depresión y ésta es la principal causa de suicidio entre los jóvenes. El detonante quizá haya sido la ruptura con su novia, acompañado de que es una persona con una gran incapacidad de comunicar sus sentimientos, además de su adicción a la marihuana. Aunque él no se crea adicto, ese factor agudiza la situación. Dale seguimiento y me cuentas cómo van las cosas.

Al día siguiente me llamó la mamá de David para agradecerme y contarme que tuvieron que internarlo. Los médicos dijeron que padecía malnutrición, además de una depresión severa. Después me enteré de que durante un tiempo tuvo que estar bajo vigilancia por miedo a que se quitara la vida. Le trataron con fármacos y comenzó una psicoterapia. Pasado un tiempo dejó los antidepresivos.

Aunque fui de visita varias veces a la clínica donde estaba, para no alterarlo decidí no hablar con él, sólo hablaba con la enfermera y con su hermano, que siempre estaba allí.

David regresó a Guadalajara y acabó ahí la carrera. Nunca me llamó, pero hace unos días me llegó una petición suya de ser mi amigo en una de esas redes sociales de internet. En su mensaje personal decía: "Eva, metichona, espero que sigas queriendo ser parte de mi vida". Acepté. Espero verlo pronto.

## Eva decide no visitar a David, pero lo llama para saber cómo está

En parte tienen toda la razón, me meto demasiado en los temas de mis amigos. Sé que no debería hacerlo. Decidí seguir el consejo de Clau de darle espacio. Lo llamaba una vez a la semana para ver qué tal estaba. Me sonaba siempre muy seco, contestaba sólo con monosílabos: "sí", "no", "ok".

Llevaba casi dos meses llamando una vez a la semana: "Hey David, ¿cómo estás?". La última vez no respondió el teléfono; durante un día entero lo intenté con insistencia, pero no me contestó. Más tarde hablé con Clau, que seguía sin parecer preocupada. "Eva —me dijo—, es mejor que resuelva sus problemas solo, ya sabes cómo es David, yo que tú no me metería". Al principio estuve de acuerdo, pero pasadas unas horas y como no lo encontraba ni en su teléfono fijo ni en el celular y no respondía los mensajes, decidí llamar a su hermano: "Hola Javier, soy Eva, la amiga de David. No te alteres demasiado, pero te hablo porque parece que tu hermano está un poco mal. Está pasando una mala racha sería bueno que lo llamaras".

No supe si Javier hizo algo o no, pero cuando pasaron cuatro días y David no me contestaba, decidí ir a su casa. Llamé a la puerta pero nadie abrió. No sabía qué hacer. Bajé a hablar con el portero. "¿Sabe si David está en su casa?". "No está, se lo llevaron en una ambulancia hace unos días". "¿Cómo?". "Sí, no sé exactamente qué le pasó pero está en el hospital". Llamé directo a su mamá, quien me dijo en qué hospital estaba. Tomé un taxi hasta allí, pregunté por él en recepción y, mientras la enfermera revisaba la lista de pacientes, pensé en lo peor: "Si le pasa algo es porque no hice nada para ayudarlo". "Está en la habitación 397. Tiene autorización de sus familiares para entrar. Pero no puede hablar con él, está muy débil". "¿Sabe por qué razón está ingresado?". "Por inanición. Llevaba sin comer más de 30 días y la presión le bajó hasta el piso". No lo podía creer, se estaba matando de hambre. Cuando entré estaba dormido. Lo acompañaba su hermano, así que salimos a platicar al pasillo: "Eva. Gracias a Dios llegamos a tiempo. Como tampoco me contestaba, tomé un avión y llegué el mismo día que tuvo el accidente". "¿Qué accidente?". "Se cayó al ir al baño y el ruido del golpe llamó la atención de su compañero de departamento. Si no se hubiera caído, se nos muere y nadie se entera. Eva, aquí viene mi madre. Por favor, no le des muchos detalles de cómo estaba David, ella sigue muy alterada". La mamá, que llegó un día después del accidente, estaba muy disgustada: "Eva, Eva, tendrías que haber visto cómo estaba su habitación, toda la ropa sobre el suelo, tazas de café, trozos secos de pizza, comida descompuesta... ¡Además se drogaba! No puedo creer lo poco que conocía a mi hijo", me dijo todo esto con lágrimas en los ojos.

En parte me sentí aliviada y en parte culpable de no haber forzado más a David a tomar las riendas de su vida. Lo cierto es que no me podía imaginar que David estuviera sufriendo tanto. Pero conociéndolo tan bien como lo conocía, tendría que haber sabido que por muy mal que estuviera, jamás me pediría ayuda. Él me compró mi gran angular sin que se lo pidiera, yo tendría que haberle correspondido, estar allí para saber qué necesitaba... Al menos estaba vivo, eso era lo más importante. Estaba vivo, pero gracias a la suerte y a su hermano que se tomó muy en serio el aislamiento de David. Él sí que lo conocía bien.

## Eva decide respetar la decisión de David y le da su espacio

Clau tenía razón, aunque se encierre un mes completo es un adulto y debo respetar su decisión. Cuando le llamábamos, de vez en cuando nos respondía y nos decía que se sentía cansado, pero nada más.

Hacía todo un esfuerzo por contenerme y no buscarlo cada día, soy muy melodramática para estas cosas. Cuando ya no resistía le llamaba: "David, ¿cuándo vas a venir conmigo a tomar una nieve?", le preguntaba. "Ahora no me apetece, Evita, te la debo". "¿Todo bien?". "Sí", se limitaba a responder.

Hubo una semana que me sentí muy mal. De verdad extrañaba a mi amigo y me preocupaba que no saliera de ese estado. Era un lunes y le llamé insistentemente, pero no lo encontré. Pasados tres días, decidí buscarlo nuevamente. Nada, no me contestaba; quería ir a su casa pero el trabajo me hacía andar como loca de un sitio a otro. Me habían dado un proyecto demasiado grande y estaba muy estresada. Recuerdo un día en que cada vez que estuve a punto de llamarlo, mi jefe me pedía algo: una presentación, unas imágenes..., sucedió una y otra vez. Pasó el tiempo y siempre tuve una excusa para no llamar a David.

Ese sábado había quedado con Moji para ir al otro lado de la ciudad a un mercado de ropa *vintage*. Estaba a punto de salir y sonó mi celular. El tono de la llamada era de Clau. "Es Clau, creía ella que estaba en Cuernavaca. Qué raro", pensé. "¿Qué quieres, Clau?", contesté en broma. "Eva", dijo con tono seco y se quedó callada, abriendo el espacio a un largo silencio. "¿Qué?". Sabía que algo malo pasaba, a Clau nada le quitaba el habla, nada. "Eva, David se suicidó". Me tuve que sentar inmediatamente y me quedé muda. Empecé a respirar muy rápidamente. Después me salió un aullido: "¡Nooo!, cobarde me has dejado sola, cobarde, cobarde. ¡Te odio!", no paré de llorar.

Habían pasado cuatro horas y llamaron a la puerta. Abrí, era Clau, me dio un abrazo, y volví a caer en llanto. "Eva —me dijo—, tenemos que ir al entierro". "No voy a ir, lo odio". "Eva, por favor, haz un esfuerzo". Clau trató de convencerme, pero yo no escuchaba razones. Ella se quedó conmigo hasta

que se tuvo que ir al funeral. Me metí en la cama a llorar. Decidí no ir al entierro de mi mejor amigo. Decidí quedarme en la cama, en donde pasé un día entero. Al despertarme, noté que alguien me acariciaba el pelo. Era Clau. "Evita, te traje algo de comer". Era sushi. A David no le gustaba el sushi, pero ya qué importaba, me había dejado sola.

Pasados unos días me dio un sentimiento de culpa tremendo: si yo hubiera sido más atenta a las señales de desesperación de David, probablemente estaría vivo. Quizá estaríamos viendo ahora mismo *El señor de los anillos* por novena vez.

Unos días después le escribí a Silvia.

# *Mi querida Silvia*:

Todavía estoy en estado de shock. David, mi mejor amigo, mi amigo del alma, decidió tomarse una caja de pastillas y dejarme sola. Sé que su muerte fue más lenta de lo que dicen. Llegó al hospital aún con vida y aparentemente con muchos dolores.

Por una parte estoy enojada. Por otra, me siento muy culpable por no haberlo ayudado, por no haberme dado cuenta de su sufrimiento, por no haber impedido su muerte. ¿Qué tipo de amiga soy que no pude notarlo? ¡Fui una ciega, una tonta!

## La respuesta de Silvia

Mi querida Eva, me imagino cómo te sientes. Lo cierto es que no se puede hacer nada. Él ya se fue y tú no le quitaste la vida: él se la quitó. ¿Podrías haber hecho algo más? Probablemente sí, quizá podrías haber comprendido por sus palabras o por sus silencios que estaba muy mal. Su falta de higiene, el hecho de que no quisiera salir de casa, incluso cuando te comentó su intención de acabar con su vida o su constante cuestionamiento sobre la razón para vivir... Todos ellos son indicios de una intención de suicidio. Desgraciadamente, el suicidio es una de las principales causas de muerte entre los jóvenes, pero es algo que se puede prevenir más fácil de lo que pensamos.

Lo que no puedes hacer es estar enfadada con él. La mayoría de la gente que se suicida lo hace porque está enferma. Normalmente padece depresión y no encuentra solución a problemas que, si estuviera sana, resolvería. No te martirices. Debes aprender de esta difícil situación para que en el futuro, si se presenta el caso, sepas identificar las señales y actúes, por ejemplo, buscando ayuda profesional.

Sé que es muy reciente, pero cuando haya pasado un tiempo, escríbele una carta a David, dile lo que sientes, lo que piensas y, sobre todo, despídete como te hubiera gustado hacerlo.

No te quedes anclada en el pasado, en lo que pudiste hacer por él. Mejor céntrate en quienes pueden necesitarte.

# Lo voy a platicar aunque me duela

Espero que leer mis historias te haya ayudado. Si sólo una de ellas te sirvió para superar algo más fácilmente, me conformo. He dejado los temas que más me confunden y enojan para este capítulo. No es que crea que son menos importantes, incluso pueden serlo más, pero cuando no entiendo algo o se me hace muy difícil encontrar una solución, me frustro, y entonces nace un sentimiento de impotencia muy grande en mí. Por eso hay pasajes de mi vida que prefiero no analizar y opto por mantenerlos ocultos, aunque sé muy bien que no es la mejor estrategia.

## *La historia de Clara*

Nunca he entendido por qué las mujeres nos dejamos maltratar por nuestra pareja. Es como si en algún punto la definición de "amor" se transformara y encontráramos placer en el dolor. No pienso que seamos culpables o responsables por las acciones de esos insignificantes individuos conocidos como "hombres maltratadores" o, para decirlo más claramente: "machos estúpidos" o "bestias descerebradas"; sin embargo, creo que siempre es posible poner punto final a una situación de maltrato antes de que ésta nos ponga punto final a nosotras.

Aunque no me haya pasado a mí, viví la historia de Clara en carne propia; ella es una de mis mejores amigas. Pues sí, esa mujer tan fuerte, tan equilibrada, tan "zen", se enamoró de un hippie Gucci. O sea, de uno que de hippie no tenía nada: era un rico consentido. Su pelo largo, más

que una alegoría del espíritu libre, parecía de comercial de champú. A la fecha no comprendo qué vio Clara en él, pero desde que empezaron a salir se alejó de nosotras.

Un domingo, por desgracia para él, Moji y yo coincidimos con ellos en un centro comercial que no solemos frecuentar. Los vimos a lo lejos y yo comencé a hacer señales con el brazo para llamar su atención. Mientras nos acercábamos, Moji y yo notamos que el novio de Clara estaba molesto por tener que saludarnos, le decía cosas al oído mientras señalaba compulsivamente su reloj. "Hey, Clara, qué sorpresa, ¿qué tal estás, digo, están? ¿Cómo les ha ido?". "Muy bien", respondió Clara. Su voz sonaba genuinamente alegre. Nos abrazamos y luego de mostrarnos lo que habíamos comprado, dije: "¿Por qué no vamos a comer?, ¡aprovechemos esta genial coincidencia!". Lancé al aire mi propuesta como si estuviera anunciando el número ganador de la lotería. A Clara se le iluminaron los ojos, pues hacía mucho tiempo que no pasábamos un rato juntas. La Moji agregó: "Sí, vamos a devorar unas pizzas como perros hambrientos y luego entramos al cine y nos atascamos de palomitas". Las tres nos reímos, pues el plan nos parecía fantástico. Pero el hippie saltó: "Lo último que necesita esta mujer es comer una pizza". Nosotras fingimos no escuchar y nos encaminamos a la zona de comida rápida; ambas consideramos el comentario una mala señal. Una vez sentadas, mientras esperábamos las pizzas, sonó el teléfono del hippie. Clara lo tomó para dárselo, ya que no estaba a su alcance, pero él la agarró fuertemente de la muñeca y le dijo en tono áspero: "Tráelo, lo contesto yo". Mmm, segunda mala señal. Moji y yo nos volteamos a ver con cara de: "¿De dónde salió este cavernícola?", pero nos quedamos calladas sonriendo forzadamente.

Cuando sirvieron las pizzas, el hippie desnatado cortó las rebanadas con champiñón y se las tiró a Clara en el plato. Luego remató su patética actuación con: "Menos queso, más verdura. Estarás contenta y bonita. Comiste tanto chocolate que los granos te hacen ver como paella". Yo me ruboricé del coraje en menos de un segundo y tomé aire para escupir una frase insultante: "Mira, copia barata de John Lennon, para tu información el único que debería incluirse en la paella eres tú por los ojos de langosta que tienes, y si eres inteligente utiliza ese pelo que te sobra para hacer una buena escoba, el único que arruina la reunión eres tú...", pero antes de que comenzara a hablar, Moji, que me conoce al cien, me dio un patín por debajo de la mesa justo a tiempo. Así que nos hicimos las que no habíamos escuchado.

Mientras me sobaba la espinilla, cambié de tema: "Clara, ¿y qué tal te va? ¿Pudiste acabar el proyecto para la exposición de arte contemporáneo?". "Todavía no, es muy difícil poner de acuerdo a todos los artistas, pero vamos avanzando, aunque no con toda la rapidez con la que me gustaría". "Pues tu avance es tan lento que hasta los caracoles te rebasan, mi amor. Sería bueno que te dejaras de tonterías y aplicaras tu tiempo en cosas más productivas", remató el muy patán, volviéndose a nosotras como si acabara de enunciar la ley de gravedad y fuéramos a aplaudirle. Ya no me pude aguantar y dije, furiosa: "Sí, Clara, tendrías que hacer algo productivo y dejar a este sucedáneo de hippie". El hippie *light* se levantó y dijo: "Clara, vámonos, no voy a tolerar que éstas, que dicen ser tus amigas, me ataquen". La tomó de la mano y se la llevó, y encima sin pagar su parte de la cuenta. Cochino hippie ultrajador sucedáneo de macho antipático (CHUSMA). Ella logró zafarse del "abrazo amoroso" con que CHUSMA se la llevaba y se volvió para decirnos: "No se preocupen, no quería ser grosero, les llamo más tarde".

Obviamente no volvió a llamar. A las dos semanas la busqué, quería invitarla a la fiesta de cumpleaños de Clau. Apenas contestó el teléfono y comenzó a disculparse por no llamar (tercera mala señal, porque Clara creía en el karma y en que el universo tenía su propio modo de equilibrar las fuerzas y hacer justicia, por lo que nunca se disculpaba). Aunque yo había hecho ejercicios de respiración y ensayado la llamada para no lastimarla, cuando me di cuenta, ya estaba diciendo: "Clara, ese hombre no te quiere. Una persona que te trata así no te ama, constantemente te minimiza y te desprecia, ¿no te das cuenta?". "Sí, a veces es un poco brusco, pero su intención no es mala, es muy celoso y yo soy muy torpe. Y para serte honesta, tampoco estoy en mi mejor momento físico, no quiere que engorde más y me lo hace saber directamente". "Sí, te has dejado un poco, pero no se dicen las cosas de esa manera. Además, siento que fue un poco agresivo contigo". "Me tomó el brazo con fuerza, pero no lo hizo a propósito. Mira, Eva, tienes que aceptarlo, es el hombre que amo y si no lo aceptas a él, no me aceptas a mí". "Lo que no acepto es que te esté maltratando". "Eva, ése es mi problema...", y colgó el teléfono. Nunca me había pasado eso con Clara, parecía otra persona. Tenía dos alternativas: o llamar al CHUSMA y darle un ultimátum para que dejara a mi amiga, o escribirle a Silvia Olmedo. Escogí la segunda opción.

## *Mi querida Silvia*:

Estoy conmocionada porque mi amiga Clara se consiguió el peor novio sobre el planeta Tierra. El tipo la trata pésimo, la humilla, la critica, incluso la agrede físicamente, mientras que ella lo sigue mirando con ojitos enamorados. No soporto ser cómplice de esa situación, pero la última vez que nos vimos metí mi cuchara y le dije sus verdades al muy hippie ése y nada bueno salió. Él se la llevó por la fuerza y ella no se resistió. Temo que le haga daño y que la aleje de nosotras, pero, ¡no sé que hacer! Parece que la tiene hipnotizada o drogada; tal vez en realidad es un extraterrestre que controla su mente...

## La respuesta de Silvia

Querida Eva, entiendo tu frustración. Parece mentira, pero no sólo en México, sino en todo el mundo, tres de cada 10 mujeres son maltratadas física o psicológicamente. La situación es tan grave que muchas mueren en manos de su pareja.

Aunque el maltrato físico es muy alarmante, no debemos dejar de lado el psicológico: éste puede destrozar la vida de una mujer al impactar tan fuertemente su autoestima, a tal grado que sea incapaz de escapar de la situación; muchas llegan al suicidio.

Por lo que me cuentas, el novio de Clara la está maltratando psicológicamente; si sigue con ese hombre, el ataque constante lastimará de manera gradual su autoestima. Poco a poco Clara se creerá menos capaz de manejar su vida y perderá la confianza en sí misma; eso generará una mayor dependencia hacia él, ya que lo verá como "el único" que la puede sacar adelante. Clara comenzará a justificar los ataques constantes, y los atribuirá al hecho de que ella "no vale nada"; creerá que él le hace el "favor" de estar con ella.

También me preocupa que la violencia que ejerce su novio haya alcanzado el nivel físico, porque ésta podría aumentar gradualmente de intensidad, hasta poner en riesgo su vida.

Curiosamente, muchas mujeres maltratadas encubren a sus parejas; las mujeres jóvenes lo hacen más porque siguen enamoradas o han generado una relación de necesidad de la que no pueden prescindir. En otros casos, las mujeres tienen tanto miedo a las represalias que prefieren guardar silencio.

¿Qué hacer? Hay que convencer a Clara de que ese hombre no la ama. Ella tiene que tomar la decisión de alejarse. No quiero que te enfades, Eva, pero la manera de

expresar tu opinión no fue la más adecuada, ya que ella se sintió atacada. Su autoestima está baja y sigue enamorada de él. Esa combinación es muy peligrosa. Como ya sabes, cuando te enamoras tiendes a no escuchar a tus amigos. Haz un esfuerzo de acercamiento, pero no para reprocharle que está con el hombre erróneo, sino para que, poco a poco, se abra contigo y empiece a hablar de sus sentimientos. Una vez que te vea como alguien que quiere entenderla, te tendrá confianza; entonces, puedes hacerla razonar poco a poco, ayudarla a ver que ese amor no es sano. No olvides que debe sentirse comprendida y no hay que dejar que se encierre más en sí misma, por lo que es importante que no te vea como una persona que la está reprochando, sino como alguien que la puede ayudar.

Aun si ella no te quiere escuchar, dile que te llame en cualquier momento si ocurre una emergencia. Es aconsejable que él no disponga de las llaves de su departamento. Si bien éste no es el caso de Clara, hay situaciones limítrofes donde la mujer ya ha sido maltratada o ha recibido amenazas. En tales casos es útil crear un plan específico de emergencia, recordando que si tu pareja te maltrata una vez lo más probable es que lo vuelva a hacer. Si corres el riesgo de maltrato físico y todavía sigues unida al agresor, debes tener un plan para protegerte.

## PLAN PARA PROTEGERTE

- ⊙ Lo primero es identificar los detonantes del estado violento de tu pareja, en muchos casos son las drogas o el alcohol; en otros, la frustración en el trabajo, por ejemplo.
- ⊙ Aprende a observarlo y a prepararte para escapar en cualquier momento.
- ⊙ Avisa a tus vecinos que si oyen golpes llamen a la policía.
- ⊙ Siempre ten dinero contigo o que alguien te lo guarde, así como una identificación por si necesitas salir corriendo.
- ⊙ No olvides tener preparado algo de ropa y la dirección de un sitio en donde estés a salvo a cualquier hora, si se pone muy agresivo.
- ⊙ Es importante que denuncies la agresión.

Recuerda: quien te ama de verdad te acepta como eres y no te maltrata ni física ni psicológicamente.

Eva, si quieres ayudar a Clara no olvides que ella no está bien, que no puede ver las cosas objetivamente. Lo peor que puedes hacer es ser agresiva con ella. Mantén la cabeza fría.

## La decisión de Eva

Definitivamente tenía que hacer algo, no podía permitir que Clara perdiera la vida (ni siquiera el tiempo) de esa manera. Por la respuesta de Silvia, comprendí que la situación era más delicada de lo que yo suponía. En ese momento, la forma de acercarme a Clara era fundamental, importaba más que mis buenas intenciones. Debía actuar rápido y elegir entre tres opciones.

Si fueras Eva, **convencerías a Clara para que asistiera a la fiesta de Clau y así hacer una intervención con las amigas para rescatarla de las garras de** CHUSMA. Si esta es tu decisión, pasa a la página 242.

Si fueras Eva, **intentarías hablar con Clara a solas.** Si esta es tu decisión, pasa a la página 246.

Si fueras Eva, **esperarías a que Clara se diera cuenta sola de que su novio es un patán.** Si esta es tu decisión pasa a la página 249.

Si no te interesa este aspecto de la vida de Eva, **pero quieres saber más sobre el maltrato en la pareja,** ve al *Manual de primeros auxilios sobre suicidio, acoso sexual y enfermedades mentales* en la página 251.

## Eva convence a Clara de ir a la fiesta de Clau y planea una intervención de las amigas

Hice a un lado mi orgullo y llamé nuevamente a Clara. Como no la encontré le dejé un mensaje en la grabadora de su casa: "Clara, soy Eva. Te marco para pedirte una disculpa, sé que me extralimité al hacerte esos comentarios, no tengo derecho a juzgarte, seguramente mi visión de tu relación es equivocada y te pido otra oportunidad. El sábado es el cumpleaños de Clau y habrá fiesta en casa de sus abuelos (por la alberca). Es fiesta de disfraces con traje de baño de segundo tiempo. Nos encantaría que Alberto y tú fueran. Por favor, no faltes, te extrañamos".

Clara no respondió la llamada, pero sabía que su buen corazón no se podría resistir a ese chantaje emocional. Puse al tanto de mi plan a la Güera, Clau y Moji; también pedí la ayuda de mi prima La Colador, unos darki-punketos no estarían de más por si la cosa pasaba a mayores, aunque no son agresivos, espantan a cualquiera.

El día de la fiesta llegó. Yo me disfracé de gorila, Moji iba de Campanita, la Güera de James Bond, Clau de Mi Bella Genio y La Colador de Gatúbela, ese disfraz resaltaba su sensualidad. Entonces entendí lo que los hombres veían en mi prima: una auténtica mujer fatal.

Clara llegó como a las diez y media, acompañada por el esperpento disfrazado de Casanova. Apenas cruzó la puerta se dirigió de inmediato al baño. Como yo la estaba esperando muy cerca de la entrada, me di cuenta de que traía el rimel corrido. "Maldito CHUSMA, me las pagarás", pensé, mientras cerraba mi puño de gorila. Pero recordé las palabras de Silvia. Clara iba vestida de ángel, pero por su cara de tristeza más bien parecía ángel caído.

Localicé a Clau con la mirada para decirle que no teníamos tiempo que perder. A pesar de que estaba en papel de anfitriona, rápidamente echó a andar nuestro plan de acción que consistía en emborrachar al hippie para librarnos de él y poder hablar a solas con Clara. Lo más importante era crear un buen ambiente para que Clara fuera receptiva.

El mesero a quien Clau encomendó la misión de que al CHUSMA no se le vaciara el vaso, resultó todo un profesional. A la hora el CHUSMA ya había abierto pista con el peor baile de la historia.

Clara iba muy linda, se veía que había hecho un súper esfuerzo por bajar de peso... De todas maneras a mí me parecía más bonita cuando estaba contenta, la sonrisa de Clara es su mayor encanto.

Al poco rato habíamos olvidado al hippie, que malcopeaba, tirándole la onda a una güero, es decir, a un hombre disfrazado de Madonna. Clara, Moji, Clau y yo bailábamos entregadas a la música. La Colador, que toda la noche había estado con sus amigos parada al lado de la barra, vino a informarnos con la respiración cortada que al parecer el CHUSMA había intentado meterle mano; ¡qué digo yo!, le intentó hacer un papaunicolau a una rubia cuyo novio era el profesor de kickboxing de Clau... Un "ouch" general se escuchó en el grupo. A todas, menos a Clara, nos pareció graciosa la situación. La Güera intentó animarla, pero antes de que terminara de decir "No te preocupes", Clara estaba a mitad del jardín rumbo al lugar de los hechos.

De pronto, de la bola de gente que se había formado, salió el CHUSMA todo arrugado: había perdido el sombrero y el traje blanco era todo menos eso. En cuanto Clara lo vio se le acercó corriendo. Alcanzamos a escuchar que le gritaba: "¡Mi amor!, ¿qué te pasó?". Como él estaba completamente ebrio y con el labio hinchado, no se le entendía lo que decía. Clau pidió que le llevaran hielo y una toalla para que se limpiara, pero cuando el mesero se le acercó, el CHUSMA intentó golpearlo. Como el mesero se hizo elegantemente a un lado, el hippie cayó en la alberca, moviendo frenéticamente los brazos. Entonces nos dimos cuenta de que no sabía nadar. Clau reaccionó rápidamente y se aventó al agua. Con dificultades lo llevó a la parte más baja, no por falta de habilidad –Clau había entrenado para salvavidas– sino porque el otro rezongaba y se resistía a ser rescatado por una mujer.

Cuando estuvo fuera del agua se puso aún más impertinente. Insultaba a Clara, a la Güera y a Clau; después se dirigía a mí para decirme que todo era mi culpa y remataba con Moji, solamente porque sí. "¡Nos vamos, Clara! Y despídete de tus amigas porque no las vuelves a ver", gritaba el CHUSMA. "Todavía que te aguanto a ti, tengo que aguantar a estas vulgares nacas". Já, hasta para los insultos le faltaba ingenio.

Clara sólo lloraba y trataba de secarlo con la toalla, lo cual era ridículo porque era una toalla facial. Cuando acabó de escurrir sus zapatos, el hippie prensó del brazo a Clara y se la llevó a rastras. Como estaba borracho le pisaba el vestido y la hizo caer un par de veces. Le pedimos que no se fuera con él, pero cada vez que intentábamos acercarnos la sujetaba y jalaba con más fuerza. Nuestra opción era ir por los amigos de La Colador, pero no los encontramos. Fue entonces cuando comprendimos el verdadero peligro en el que se encontraba nuestra amiga: se iría sola en el auto con un psicópata borracho fuera de sí, y seguro él manejaría.

Corrimos tanto como pudimos hacia la calle. Como yo llevaba disfraz de gorila era la más lenta y me quedé atrás. De pronto, apareció La Colador detrás de una columna, con una sonrisa enorme: "¿Adónde va mi changuito favorito con tanta prisa?". "Déjate de tonterías, que el borracho ése se va a llevar a Clara... Además soy un gorila, no un chango". "No creo". "Que te quites. Si no me ayudas, al menos déjame pasar." "No". "¡Me estás sacando de quicio! ¡Quítate!". En eso La Colador abrió la mano y me mostró unas llaves de coche con una sonrisa: "Se le cayeron a Casanova mientras le daban lecciones de kickboxing...". Entonces nos reímos juntas. "De todas maneras vamos, a lo mejor necesitan ayuda".

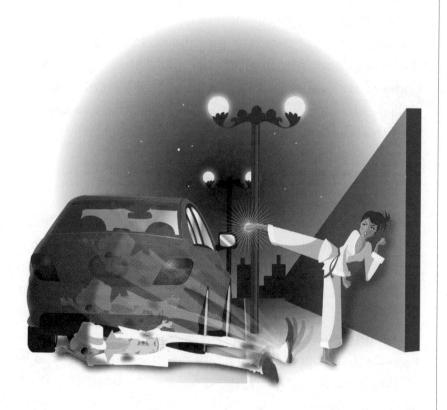

Cuando llegamos Clau, y Moji tenían todo bajo control (Moji era cinta marrón de Kung Fu. No le gustaba pelear pero, tratándose de un borracho...). Volteé hacia Clara, que estaba sentada en el cofre del auto. Al parecer el cavernícola ya de hippie no tenía nada, le había dado un bofetón, pues traía el labio partido y media cara enrojecida. Entonces Clara se paró y se arrojó a llorar a mis brazos: "Tenías razón, Eva, tenías razón, todo este tiempo yo... tenía miedo, miedo de él y de que me dejara. No soy nadie sin él". Clau, Moji y La Colador se acercaron y todas la abrazamos. Clau dijo, en tono consolador: "Eso fue lo que él te hizo pensar, pero no es cierto, te vamos a ayudar a salir de esto. Lo primero es ir con la policía a levantar un acta, mira cómo te dejó la cara. Luego vamos a tu casa y sacamos sus cosas. Quédate a dormir conmigo. Aunque no lo creas, hoy es un día muy importante, finalmente entendiste el daño que te podía causar". Aunque Clara estaba terriblemente enamorada de él, se dio cuenta del peligro que corría a su lado. En cuanto al CHUSMA, fue la última vez que lo vimos.

## Eva habla con Clara a solas

Tenía que hacer algo, no me podía quedar con los brazos cruzados sabiendo que mi amiga estaba en peligro. Llamé a Clara: "¿Diga?". "Hola Clara, soy Eva". "Ah, hola, Eva". "Te llamo porque me urge hablar contigo. Mira, discúlpame por lo del otro día, no era mi intención entrometerme, ni herir tus sentimientos". "Ya. Eva, eres mi amiga, pero quiero ser bien clara contigo, Alberto es mi novio y lo quiero...". "Sí lo sé. Por favor, veámonos y hablemos personalmente". "Bien, el sábado tengo terapia de árboles por la mañana. Si quie-

res nos vemos en el café del parque a eso de las once". "Muy bien, adiós". "Adiós."

No lo podía creer, nunca había tenido una conversación tan fría con Clara, parecía que estaba hablando con mi contador. Pero no había más remedio, tenía que decirle lo que pensaba y el peligro que corría al lado del CHUSMA.

El sábado llegué un poco antes de las once y tomé una mesa, desde allí vi a Clara. Pasó más de media hora abrazando un árbol gigante, seguro que lo hacía porque su novio no valía para apapacharla. Cuando se acercó a la mesa, venía radiante. "¿Qué tal, Eva?". "Hola, Clara, qué bien te veías abrazando al árbol, te va mejor que tu novio... ¡Uuuups!". Clara cambió de expresión inmediatamente, y me preguntó: "¿Para eso querías verme, para meterte con mi novio?". "Lo siento, Clara, era una broma, yo...". "Estoy bastante harta de tus bromas y comentarios, Eva. Te crees que eres muy simpática, pero no. ¿Por qué no creces de una vez por todas y dejas de actuar como una niña a la que hay que aguantarle todo?". "Clara, perdón. Ya te dije que no era mi intención... pero sí, tal vez se me salió ese mal comentario porque creo que Alberto no es un buen compañero. Tú eres una persona increíble y te mereces a alguien que te quiera y te respe...". Clara no me dejó terminar la frase y recogió sus cosas: "Por lo visto no te entra en la cabeza que Alberto es el hombre que amo. Y, para tu información, nos vamos a casar. Avísame cuando quieras ser una verdadera amiga para que te mande la invitación de la boda". Clara se dio la media vuelta y se fue. Yo me quedé helada, no lo podía creer. Clara y ese pelafustán juntos hasta que la muerte los separe... No sabía si era cierto o no, tal vez sólo lo dijo para defenderse. Pero si era verdad, tenía muy poco tiempo para intentar evitarlo y muy pocas posibilidades de éxito.

Por la tarde le llamé a Clau para contarle la historia y preguntarle si sabía algo. La respuesta de Clau acabó conmigo: "Sí, Clara me llamó hará dos horas para contarme que se casa con el mugroso ése... Al parecer ella misma se lo propuso después de verte. Ah, por cierto, también me contó sobre su encuentro contigo por la mañana. Felicidades, Eva, tus gestiones fueron muy exitosas". "Deja de burlarte, ¿qué le dijiste, intentaste disuadirla?". "Por supuesto que no, nena. ¿Qué parte de 'respetar las decisiones de tus amigas' es la que no has entendido? Con Clara no vamos a lograr nada presionándola. Lo mejor es apoyarla y acompañarla, dejar que poco a poco nos vaya contando. Tú sólo fuiste a hablar, ni siquiera pensaste en lo que dirías". "Pero...". "Pero nada. Nos vemos mañana para comprar el vestido para la boda, que para colmo es exprés: el próximo sábado en las pirámides de Teotihuacan. Gracias por la insolación, Eva". Clau se despidió de mí sin dejarme decir más. Yo, por supuesto, estaba en shock. Definitivamente no puse en práctica nada de lo que me dijo Silvia, no creé un ambiente cómodo para que Clara pudiera hablar de cómo se sentía, no intenté comprender las razones que la hacían seguir con él. Clara sentía que yo la atacaba al meterme con su novio. Debí centrarme en ella y no en él, fui poco respetuosa y la juzgué. Tenemos dos orejas y una boca; en esta ocasión yo sólo utilicé mi boca, bueno, mi bocota.

## Eva decide esperar a que Clara comprenda que su relación no es saludable

Después de mucho meditarlo, tomé el teléfono para llamar a Clara y decirle directamente lo que pensaba, pero antes de terminar de marcar su número colgué. Comprendí que si Clara no se daba cuenta de la clase de persona que era su novio era porque no quería: tonta no es. A lo mejor consideraba que todo era parte del viaje existencial de su alma, o tal vez creía que podía ayudar a ese miserable a ser mejor.

El caso es que decidí no decir mucho, me senté ante la computadora y le escribí un correo electrónico donde le recordaba que siempre sería su amiga y que contara conmigo cuando lo necesitara, así fuera a la mitad de la noche, yo estaría ahí.

Clara me respondió, me invitó a tomar un café para hablar; bueno, para yo escuchar. Al estar con ella comprendí que se había sentido atacada por nosotras. Luego, poco a poco, me contó lo mal que lo pasaba cuando la trataba mal su novio; al final, rompió en llanto: "Me siento muy sola, me he alejado a mis amigas porque siento que me ven mal, pero la relación con Alberto me hace sentir terrible, no quiere que platique ni haga planes con nadie y todo el tiempo me critica". Ella llegó a esa conclusión solita y me pidió ayuda: "Eva, creo que Alberto no es bueno para mí, pero no sé cómo dejarlo. Un momento siento que lo detesto y al siguiente que no puedo vivir sin él. Ayúdame". Cuando lo dijo, mi cara se iluminó, ¡había conseguido que ella pidiera ayuda! "¿Por qué no te vienes unos días con nosotras a Acapulco para pensar en ti y en lo que quieres hacer?". Fueron unos días fantásticos, nada de reproches, nos enfocamos en hacer que Clara descubriera otra vez a la mujer que había en ella, y vaya que lo hizo: el mismo día que volvimos cortó con el CHUSMA.

Pasados varios meses, muchas lágrimas, cafés y sesiones maratónicas de cine, Clara estaba renovada, más contenta y guapa que nunca. La parte clave de todo fuimos nosotras, no por lo que le dijimos, sino porque la acompañamos, eso le permitió escucharse, reconocer su situación y, finalmente, tomar la mejor decisión para sí misma.

# Manual de primeros auxilios sobre suicidio, acoso sexual y enfermedades mentales +

Un manual de primeros auxilios no sería eso si no hablara de enfermedades mentales y suicidio. Estos dos puntos están muy ligados; a veces uno es consecuencia del otro.

## El suicidio

El suicidio es el acto voluntario de quitarse la vida.

Cuando una persona no está emocionalmente bien, los problemas pueden llegar a sobrepasarle, llevándola a pensar que la muerte terminará con el sufrimiento.

Es importante tener en cuenta que la gran mayoría de la gente que se intenta suicidar tiene una enfermedad mental; si no, no lo intentaría.

Por ello, es vital que cuando alguien amenaza con suicidarse, o tiene varios intentos frustrados de suicidio, se le tome en serio y se busque apoyo psicológico. Para evaluar si una persona es capaz de poner en peligro su vida, es necesario observar los comentarios que hace sobre el sentido de la vida, así como atender otros indicios como el aislamiento y la falta de higiene personal y de su entorno.

## Razones por las que el suicidio no está justificado

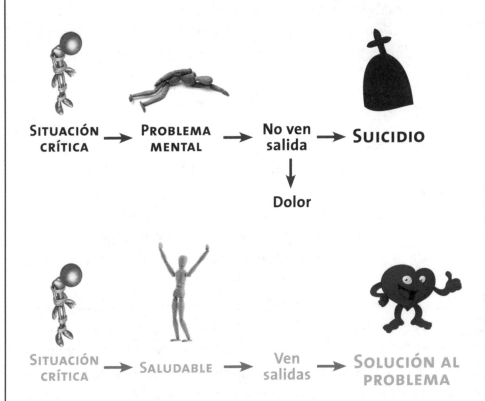

SITUACIÓN CRÍTICA → PROBLEMA MENTAL → No ven salida → SUICIDIO

No ven salida → Dolor

SITUACIÓN CRÍTICA → SALUDABLE → Ven salidas → SOLUCIÓN AL PROBLEMA

# ENFERMEDADES MENTALES

Hay algo en el término "enfermedad mental" que aún produce escalofríos. Que te llamen "loca" es en nuestra sociedad una de las cosas que más asustan, por el estigma que implica. El hecho de perder el control personal y que la esencia de nuestra personalidad se trasforme es quizá lo que hace que ese tipo de enfermedades aterre.

## ¿Qué es una enfermedad mental?

Es la alteración de las emociones, el pensamiento y el comportamiento. Al igual que hay muchos padecimientos en diferentes zonas del cuerpo, existen diversas enfermedades mentales, y varían mucho entre sí, llegando en algunos casos a provocar la confusión de la realidad con la ficción.

Las enfermedades mentales pueden ser consecuencia de desequilibrios químicos en el cerebro, factores biológicos, eventos desastrosos o relaciones sociales o familiares destructivas.

Las consecuencias de no pedir ayuda profesional, ya sea de un psicólogo o un psiquiatra, pueden derivar en cosas terribles, como hacerte daño a ti misma o a otros. Pensar en superar en soledad una enfermedad de este tipo podría prolongar el sufrimiento, incluso llevarte al suicidio.

Algunas enfermedades mentales son curables y otras no, eso depende de su naturaleza. Pero aun los síntomas de esas que no se curan pueden mejorar mucho con el tratamiento adecuado.

## Aspectos que pueden influir en nuestra salud mental

Hay muchos aspectos que pueden afectar nuestra salud mental. Si nuestras defensas están bajas, tenemos un mayor riesgo de padecer infecciones, o de sentirnos apáticos y sin ganas de hacer cosas. Si nuestra alimentación es inadecuada, quizá nos invada la tristeza, sintamos nuestra fuerza disminuida o lleguemos a un cuadro depresivo. A continuación incluyo algunos aspectos que impactan nuestra salud mental.

- Fumar.
- Alimentación desequilibrada.
- Beber alcohol.
- Consumir drogas.
- Baja actividad física.
- Conductas sexuales de riesgo.
- Trauma del pasado.
- Estrés.

No haber superado experiencias traumáticas o abusos del pasado es un factor que puede influir en nuestra salud mental, pero no necesariamente significa que cause problemas mentales.

Aquella persona que sufre una separación conflictiva de los padres, abuso sexual, maltrato físico o psicológico, por ejemplo, tendrá mayor riesgo de padecer una enfermedad mental que quien no ha sufrido una circunstancia similar y no ha tenido que adaptarse a ella.

Las heridas emocionales pueden superarse. Sin embargo, a veces podemos necesitar de ayuda para hacerlo. Si algún problema personal, familiar o social produce malestar emocional agudo por tiempo prolongado, es necesario acudir a psicoterapia para dar fin al sufrimiento.

Ahora, revisemos los distintos padecimientos que impactan en la salud mental.

## TRASTORNOS AFECTIVOS

En los trastornos afectivos se incluyen aquellos donde el estado de ánimo es anormalmente bajo o anormalmente elevado. Hablaré sobre los dos más conocidos: la depresión y la bipolaridad (también llamado trastorno maniaco-depresivo).

## La depresión

La depresión es un estado de intenso abatimiento, acompañado de ciertos síntomas característicos que se dan a nivel físico, psicológico y de comportamiento.

### ALGUNAS LLAMADAS DE ATENCIÓN:

⊙ Físicos: pérdida de apetito, cansancio, insomnio.
⊙ Psicológicos: pensamientos de culpa, baja autoestima, dificultad de concentración.
⊙ Conducta/comportamiento: lentitud de movimientos, llanto frecuente, conductas evasivas.

Todos tenemos épocas de mejor y peor ánimo, o estamos tristes ocasionalmente; no debemos confundir estos estados con depresión. La depresión es una enfermedad y requiere tratamiento. Dar ánimos o pedir a la gente que no esté triste no ayuda a quienes padecen esta enfermedad. Hacerlo es como pedirle a un sordo que oiga: simplemente no puede.

El deprimido tiene serias dificultades para enfrentarse a la rutina diaria, le cuesta mucho trabajo llevar a cabo actividades o tomar decisiones. También concentrarse y prestar atención, lo que empeora por el insomnio que habitualmente padece.

## LOS SÍNTOMAS MÁS COMUNES DE LA DEPRESIÓN SON:

- ⊙ Tristeza, sentimientos de desesperación o culpa.
- ⊙ Llanto frecuente.
- ⊙ Pérdida de interés por la comida, pérdida de peso, o alimentación compulsiva con aumento de peso.
- ⊙ Desórdenes del sueño: dormir poco por la noche o a veces mucho durante el día.
- ⊙ Abandono de los amigos.
- ⊙ Comportamiento rebelde, brusco, empeoramiento de las calificaciones o ausencia escolar.
- ⊙ Dejar de divertirse con las actividades que más gustan.
- ⊙ Excesiva preocupación por la muerte o por morir.
- ⊙ Quejas de dolor de cabeza, de estómago, de espalda o cansancio en general.
- ⊙ Consumo de alcohol o drogas y actividad sexual promiscua.

## Causas de la depresión

Hay depresiones que se generan, principalmente, por factores orgánicos, como la falta de una sustancia química en el cerebro. Otras son producto de factores externos, como un evento negativo o estresante que no se supera de forma apropiada.

En ocasiones, los trastornos mentales se relacionan entre sí; por ejemplo, la depresión es un trastorno muy ligado a otro: la ansiedad. A veces, la depresión es resultado de una ansiedad prolongada o intensa.

## Trastorno bipolar

El trastorno bipolar es una sucesión de cambios de humor drásticos en los que se dan periodos de *depresión y tristeza profunda en la que no apetece hacer nada y* periodos de *manía donde se está extremadamente alegre, activo, con una autoconfianza y agitación extremas.* También se pueden dar periodos de normalidad entre uno y otro. Hay gente que lo llama trastorno maníaco-depresivo.

La explicación de la causa de este padecimiento es una alteración bioquímica en el lugar del cerebro que regula las emociones: el sistema límbico.

# TRASTORNOS DE LA ALIMENTACIÓN

Los trastornos de la alimentación más importantes son la anorexia y la bulimia, aunque hay otros que también mencionaremos. En ambos casos hay una obsesión con la comida y una imagen distorsionada del propio cuerpo.

## La anorexia

Es la negación voluntaria y prolongada a comer, la cual provoca la pérdida de al menos 30 por ciento del peso corporal, llegando a provocar la muerte.

Este padecimiento es más común en mujeres. Quien lo sufre, niega la enfermedad. A pesar del aspecto esquelético, los problemas en la dentadura y la sequedad de la piel, las mujeres con este trastorno, por muy flacas que estén, se ven a sí mismas gordas, pues tienen una imagen distorsionada de su aspecto.

La anorexia inicia de manera gradual: poco a poco crece la preocupación por la alimentación sana y el ejercicio, y con ello aumenta cada día más el nivel de auto control.

## SEÑALES DE ALARMA:

- ⊙ Obsesión por el control de calorías.
- ⊙ Eliminación progresiva de ciertos alimentos.
- ⊙ Dejar de comer con familiares y amigos.
- ⊙ Esconder la comida.
- ⊙ Ejercicio excesivo.
- ⊙ Desaparición de la menstruación.
- ⊙ Aumento de vello corporal.
- ⊙ Hiperactividad.
- ⊙ Carácter perfeccionista.
- ⊙ Autocontrol excesivo.
- ⊙ Baja autoestima.
- ⊙ Quejas sobre el peso o tamaño corporal.
- ⊙ Pesarse frecuentemente o medir diversas zonas del cuerpo.

## La bulimia

Consiste en ingerir grandes cantidades de comida y luego purgarse, provocándose vómitos o usando laxantes y diuréticos para eliminar los alimentos ingeridos y no engordar. También puede realizarse ejercicio excesivo con el mismo propósito.

Generalmente, los atracones de comida se producen a solas. Se trata de alimentos fáciles de tragar y con muchas calorías, y acaban cuando irrumpe alguien o aparece el dolor de estómago.

Al igual que la anorexia, es más frecuente en mujeres. A diferencia de las anoréxicas, las bulímicas sí se dan cuenta de lo anormal de su conducta y se sienten deprimidas, culpables y con baja autoestima. Coinciden con la anorexia en el deseo de estar delgadas y en la fobia a la obesidad. Por ello, la bulímica desarrolla esas conductas purgativas, para evitar engordar, pero no se produce la peligrosa disminución de peso que se da en la anorexia.

### SEÑALES DE ALARMA:

- Síntomas depresivos.
- Baja autoestima.
- Ansiedad elevada.
- Caída del cabello.
- Alteraciones gástricas.
- Cansancio.
- Calambres (pérdida de potasio, por vómito).
- Cambios en la cara; mofletones por el crecimiento de ciertas glándulas.

- Desgaste del esmalte dental (por el ácido estomacal que contiene el vómito).
- Voz ronca (por el efecto del ácido en la garganta).
- Dedos amarillentos (por provocarse el vómito).

Si la enfermedad está avanzada, las molestias gástricas pueden dañar seriamente a órganos vitales como el esófago, debido al continuo desgaste producido por los ácidos estomacales. Se tiene un estado de deshidratación con déficit de minerales y desequilibrios hormonales.

## Anorexia bulímica

Es un subtipo de la anorexia y la bulimia donde se dan manifestaciones de ambos trastornos. Se suceden episodios de anorexia y de bulimia alternativamente.

Las manifestaciones, causas y el tratamiento son los mencionados anteriormente para ambos trastornos.

## Ortorexia

Es la obsesión por comer sólo "comida sana". Las personas que la padecen prefieren no comer y pasar hambre, a ingerir alimentos poco saludables, como los que llevan aditivos, grasas, conservadores y pesticidas, entre otros productos de origen no orgánico. Paulatinamente, suprimen alimentos concretos, como la carne y el pescado, lo que genera severas carencias de vitaminas y minerales, y complicaciones como osteoporosis, hipotensión o baja de defensas, con un mayor riesgo de padecer infecciones. La pérdida de peso y las carencias nutricionales pueden provocar la muerte.

Esta obsesión llega al cuidado excesivo del modo de preparar los alimentos (crudos, cortados de cierta forma) y los utensilios de cocina (sólo materiales naturales como madera, evitando, por ejemplo, el plástico).

**LAS MANIFESTACIONES MÁS SIGNIFICATIVAS DE LA ORTO-REXIA SON:**

- Obsesión por comer alimentos sanos o naturales.
- Dedicar tiempo excesivo a planificar la dieta.
- Eliminación de la ingesta de ciertos alimentos (carne, grasas, colorantes, conservadores y productos tratados con herbicidas o pesticidas).
- Rituales obsesivos en la preparación de comida (hay que hacerlo de una manera concreta).
- No reconocimiento de la conducta anormal.
- Aislamiento social (negativa a ir a restaurantes e incluso a casa de amigos o familiares).
- Sentimientos de culpabilidad.
- Pérdida de peso.
- Gasto excesivo en productos dietéticos y orgánicos.
- Minuciosa inspección de las etiquetas en el supermercado.

## Comedores compulsivos

Se caracterizan por ingerir sin control una gran cantidad de alimentos. Este padecimiento afecta más a los hombres que a las mujeres: se obsesionan por la comida, empiezan dietas que abandonan pronto y se sienten culpables por no poder controlarse.

## SUS PRINCIPALES MANIFESTACIONES SON:

- Episodios frecuentes de atracones de comida.
- Pérdida de control de la cantidad de alimento que se ingiere.
- Comer muy rápido.
- Comer aunque se sienta satisfecho.
- Comer sin hambre.
- Comer solo.
- Sentir culpa y depresión después del atracón.
- Complicaciones de salud (problemas gastrointestinales, vesiculares, hipertensión, colesterol alto, diabetes, enfermedades cardiovasculares y articulares, depresión).

# OTROS TRASTORNOS RELACIONADOS CON LA APARIENCIA

## Vigorexia

Se distingue por una preocupación excesiva por el físico y una visión deformada de la imagen corporal; es decir, que no corresponde a la realidad. Si bien, no es un trastorno de la alimentación propiamente dicho, tiene varias cosas en común, entre ellas su preocupación por la dieta y su visión corporal distorsionada. Al contrario que la anorexia o bulimia, afecta más a los hombres jóvenes.

Se diferencia de los otros trastornos en que no es estrictamente alimentario, pero comparte la preocupación excesiva por la figura y la visión alterada del propio cuerpo. Quienes padecen este desorden están obsesionados con el peso y llegan a pesarse varias veces en un mismo día.

La vigorexia se acompaña de un exceso de actividad física, en especial de la musculatura. Su objetivo es el desarrollo muscular por encima de lo normal, ya que si no se "sienten débiles".

Además, desequilibran su alimentación con el mismo objetivo. Para favorecer el aumento de la masa muscular disminuyen las grasas y aumentan las proteínas e hidratos de carbono. Esto produce cambios de humor repentinos y alteraciones metabólicas, sobre todo si además consumen esteroides y/o anabólicos.

## TRASTORNOS DE ANSIEDAD

Se trata de diferentes problemas mentales que tienen en común la ansiedad como causa.

La ansiedad es la sensación de un constante estado de alerta, genera sentimientos de inseguridad, desconfianza, temor y tensión, que surgen ante la anticipación de una amenaza, ya sea real o imaginaria.

Un pequeño grado de ansiedad puede ser positivo ya que ayuda a estar alerta en situaciones peligrosas. Pero, si la persona está en constante estado de ansiedad, entonces vive un estado negativo que puede causar problemas mentales y de salud física.

Las enfermedades más comúnmente causadas por la ansiedad son las fobias y los trastornos obsesivos-compulsivos que explicaré a continuación.

## Fobias

Una fobia es el miedo constante, intenso y exagerado a un objeto o una situación. Lo que diferencia a las distintas fobias es el tipo de situaciones o cosas temidas.

## Fobia específica

Miedo extremo que no se corresponde con la situación y que resulta inexplicable e incontrolable para quien lo padece. Generalmente lleva a la evitación de la situación temida.

- Animal: insectos o animales.
- Ambiental: tormentas, precipicios, agua.
- Sangre/daño: sangre o heridas, recibir inyecciones o intervenciones médicas.
- Situacional: ascensores, aviones, coches, túneles, recintos cerrados.

## Agorafobia

Miedo a lugares o situaciones donde resulte difícil escapar o encontrar ayuda si aparece la ansiedad. Por ejemplo, estar solo fuera de casa, las multitudes, pasear por un puente o viajar en autobús, tren o coche.

## Fobia social

Ansiedad como respuesta a situaciones sociales o actuaciones en público donde la persona se siente evaluada por los demás y, por lo tanto, vulnerable a las críticas o la desaprobación.

## Ansiedad generalizada

Estado constante de preocupación, en este caso no se teme algo concreto, se teme todo. Se diagnostica si se padece ansiedad y preocupación excesiva y persistente al menos durante seis meses.

## Ataque de pánico

También llamado "crisis de angustia". Aproximadamente cinco por ciento de la población lo ha sufrido en algún momento de su vida. Inesperadamente, una persona experimenta una sensación de terror y miedo acompañada por la necesidad de huir y por síntomas característicos del miedo como palpitaciones, mareos, temblores o sudor. La primera reacción es encontrar una explicación a este estado y, generalmente, se suele llegar a la conclusión de que uno se está muriendo o volviéndose loco. De la misma forma en que llegó, el pánico desaparece y sobreviene el alivio.

La persona que lo ha sufrido, vive bajo la amenaza de experimentar otro episodio de forma inesperada, lo que hace de la vida diaria una pesadilla, pues esta amenaza genera mucha tensión.

**PRINCIPALES MANIFESTACIONES:**

- ◉ Palpitaciones (la mayoría piensa que sufrirá un infarto).
- ◉ Náuseas.
- ◉ Sensación de mareo.
- ◉ Opresión en el pecho.
- ◉ Dificultad para respirar.
- ◉ Temor o terror exagerado.
- ◉ Asociación con otros trastornos de ansiedad como las fobias.

# TRASTORNO OBSESIVO-COMPULSIVO

La persona con este trastorno tiene ciertos pensamientos (obsesiones) que intenta controlar o eliminar realizando determinadas acciones (compulsiones). Un caso típico de este tipo de paciente es el de Jack Nicholson en la película *Mejor imposible*.

La dinámica de la enfermedad consiste en intentar eliminar la ansiedad que producen ciertos pensamientos a través de conductas determinadas. Pero, a la vez, la realización de esas conductas o actos aumenta la ansiedad, ya que el individuo comprende que son absurdas. Se trata de un círculo vicioso.

Sucede en ambos sexos y, aunque hay niños que lo padecen, suele comenzar en la adolescencia o al principio de la edad adulta.

**Obsesiones:** Son ideas, pensamientos o imágenes que aparecen de repente sin ser invitadas, son persistentes. Quien las tiene, las considera inoportunas, sin sentido y poco apropiadas, le producen ansiedad o malestar.

**Compulsiones:** son las acciones que se realizan para eliminar los pensamientos obsesivos. Son acciones voluntarias y repetitivas, que se apegan a reglas o rituales bien diseñados.

Quien padece este trastorno pierde mucho tiempo, además, es consciente de cómo todo esto entorpece su vida social, familiar y laboral.

Las manifestaciones de esos pensamientos o conductas (obsesiones y compulsiones) no son iguales en todas las personas y pueden ser de uno o varios tipos.

## PENSAMIENTOS OBSESIVOS MÁS COMUNES:

- De suciedad: "Todo está contaminado", "Me pueden contagiar algo", constantemente se limpian las manos.
- De desorden: "Todo tiene que estar colocado en su sitio y de una forma específica".
- De enfermedad: "Tengo una enfermedad incurable".
- De peligro: "Mi hijo sufrirá un accidente", "Puede caerse el edificio".
- De perder el control: imagina que se va a tirar por la ventana o que puede dañar a alguien.
- De culpabilidad: "Por mi culpa sucedió el accidente".
- Dudas persistentes: "¿Habré dicho algo malo sin darme cuenta?", "¿Habré apagado la plancha?", "¿Habré cerrado la puerta?".

## TRAS UN PENSAMIENTO OBSESIVO SIGUE UNA CONDUCTA COMPULSIVA:

- De comprobación: comprobar algo repetidamente, como si se ha cerrado la llave del gas.

- De repetición: hacer cosas un número de veces determinado, como echar la llave de la puerta siete veces o repetir palabras mentalmente.
- De evitación: no pasar por determinados sitios, no tocar a los demás.
- De limpiarse: lavarse una y otra vez las manos, ducharse innecesariamente.
- De limpiar: asear una y otra vez a pesar de que el sitio está limpio.
- De orden: todo tiene que estar colocado de manera simétrica o de mayor a menor.
- Actos mentales: rezar, contar o repetir palabras.

# ABUSOS SEXUALES

El abuso sexual es la práctica de cualquier actividad sexual sin el consentimiento de una persona, ya sea obligándola a observarla o a realizarla. Si se llega a la penetración se considera violación.

Desgraciadamente los abusos sexuales suelen provenir, la mayoría de las veces, de gente conocida por la víctima.

Los abusos a menores se dan en todos los niveles sociales y suceden tanto fuera como dentro del círculo familiar, siendo este último el ámbito más frecuente.

## ABUSA O INTENTA ABUSAR DE TI QUIEN LLEVA A CABO LAS SIGUIENTES CONDUCTAS:

- Pedirte u obligarte a tocarle o tocarte los genitales.
- Pedirte u obligarte a observar contenido sexual inapropiado, a verlo desnudo o mientras tiene relaciones sexuales, a ver pornografía o a escuchar conversaciones sobre sexo.

⊙ Te ofrece regalos o juegos a cambio de hacer lo que te pide, y dice que no se lo cuentes a nadie, que es un secreto.

No todas las personas reaccionan de la misma manera ante un abuso sexual y las consecuencias de éste dependen de muchos factores. Influye el tipo de abuso y las circunstancias en que se dio, por ejemplo, si el agresor es algún familiar en el que se confía o si se recibe mayor o menor apoyo tras el abuso. A veces los efectos emocionales no se aprecian hasta la adolescencia o incluso más tarde.

Hay mayor riesgo de desarrollar trastornos de ansiedad, depresión o disfunciones sexuales tras sufrir un abuso sexual.

## ALGUNAS CONSECUENCIAS POSIBLES DEL ABUSO SEXUAL SON:

- ⊙ Miedo.
- ⊙ Desconfianza.
- ⊙ Hostilidad hacia hombres o mujeres según quien fue el agresor.
- ⊙ Hostilidad hacia la familia por no evitarlo.
- ⊙ Vergüenza.
- ⊙ Rechazo al sexo.
- ⊙ Sentimientos de culpabilidad.
- ⊙ Fracaso escolar.
- ⊙ Consumo de drogas.
- ⊙ Escaparse de casa.
- ⊙ Conducta sexual de riesgo (con las posibilidades de embarazo no deseado o de contraer infecciones).
- ⊙ Promiscuidad sexual.
- ⊙ Recuerdos vívidos e inesperados de lo sucedido.

- Trastornos del sueño.
- Aislamiento social.
- Dificultad para expresar sentimientos.

En muchas ocasiones es muy difícil prevenir este tipo de delitos, pero sí hay que evitar ponerse en situaciones de riesgo, tales como el consumo de alcohol, separarse de los amigos en una fiesta, ir solo a lugares oscuros y solitarios, o quedarse a solas con un familiar del que desconfías.

## SI ERES VÍCTIMA DE ABUSO SEXUAL DEBES...

- Asegúrate de que estás a salvo.
- Si eres menor de edad habla con tu mamá o papá, con algún adulto al que le tengas confianza.
- Dilo lo antes posible. Ten presente que el culpable siempre es el agresor. No te sientas culpable, tú eres lo más importante.
- Asiste a terapia: el tratamiento psicoterapéutico es muy útil y contribuye a la recuperación. Muchas asociaciones de víctimas pueden orientarte sobre cómo actuar; además, disponen de profesionales especializados. Una de estas asociaciones es ADIVAC, su página de internet es www.adivac.net.
- Solicita en un centro de salud o con tu médico, la píldora de emergencia y el tratamiento antirretroviral para evitar el embarazo y el contagio de VIH, respectivamente.

# EVA NO SE HA ACABADO

# Y colorín colorado, Eva no se ha acabado....

**M**e imagino que ustedes se están preguntando qué opciones elegí yo en todas las historias de este libro, pero les tengo una gran noticia, jejejeje: salvo en el caso de David, que no murió, y me sigue llamando "Eva metichona" (de hecho, ahora sale con una chica que parece un sargento del ejército y mantiene su habitación limpísima), en el resto de las encrucijadas he llegado a tomar las tres opciones... Sí, sí, sí y es que, aunque no lo crean, excepto en lo referente al sexo casual, cuando al final preferí no experimentarlo por ser una vieja romántica, me he encontrado en la misma situación varias veces, y dependiendo de las circunstancias he elegido una u otra opción. Como dice Silvia, mi psicóloga de cabecera, de todas las situaciones he aprendido algo, aunque las consecuencias no hayan sido las mejores, y es que una se equivoca, porque una no es perfecta.

Y a pesar de que les conté varias de mis aventuras, hay otras tantas que me faltaron. Por ejemplo, nunca les hablé de mi familia. Mis padres son bien raros, pero, como la gran mayoría de los papás, son unos raros adorables. Todavía piensan que soy una niña y no hay día que no me suelten el famoso "con cuidado". Mi papá es un autista emocional incapaz de expresar sentimientos, salvo cuando gana su equipo de futbol. No es que no nos quiera, sino que lo educaron para que creyera que demostrar las emociones lo hace menos hombre. Mi mamá es otro caso, por ejemplo, decidió volver a trabajar después de 20 años de dedicarse única y exclusivamente a su hogar. Esa decisión surgió de una gran crisis de pareja que tuvieron mis padres, misma que marcó claramente un antes y un después en sus vidas. A raíz de esa desastrosa crisis que derivó en separación, mi mamá fue otra. De una mujer dócil y tímida, paso a ser como Madonna, ¡sí! la cantante, y es que la tres compartimos un gen común: al igual que ella, mi mamá y yo tenemos los dientes separados. Y mi madre, como Madonna, después de ser toda la vida castaña oscura, se volvió güera y le dió por ponerse minifaldas —lo cual fue un gran hallazgo, porque yo siempre la había visto como una mamá, ¡y nunca como una mamacita!, y menos como una mujer "efecto guauuu": en la calle los hombres del gremio de la construcción gritan: "¡Guau, qué güera!".

Después de la separación, mi mamá y yo nos fuímos a vivir un departamento que teníamos, pero tanto el baño como el clóset eran pequeños, nos faltaba espacio vital y discutíamos contantemente. Como comprenderán, mi enojo era doble: haber dejado a mi papá y sentir invadido mi espacio. Mi Mamadonna –así decidí llamarla– empezó a trabajar vendiendo productos de belleza, organizaba reuniones de señoras en sus casas y las convencía de que necesitaban sus productos. Ella estudió historia, pero no encontró un trabajo de profesora de historia porque, obviamente, desde que ella salió de la universidad las cosas habían cambiado mucho. También se metió en todos los cursos de autoayuda habidos y por haber, comenzó a tomar pilates y decidió contactar al papá de Clara para salir con él, lo cual no me gustó nada porque el halo de hippie no le quitaba el de amante bandido. Mamadonna de vez en cuando me pedía que le consultara a Silvia algunas dudas "íntimas" que tenía. Yo lo hacía a mi nombre, pero eso no duró mucho porque Silvia se dio cuenta de que no eran mis dudas cuando le pregunté sobre los sofocos y los sudores. Nuestra nueva vida transcurría con altos y bajos, pero sin mayores contratiempos. Un día por la mañana, mi madre llamó a la puerta del baño con insistencia, yo me encontraba dentro arreglándome rápidamente para salir al trabajo, y hecha una furia abrí la puerta y dije: "¿Te quieres callar, histérica? ¡Yo también tengo prisa!". La cara de mi mamá cambió completamente, no dijo nada pero noté que me había comportado como la persona más cruel sobre la faz de la Tierra, qué digo yo, del Universo. Sentí un nudo en el estómago más grande que el agujero de la capa de ozono, vi que a mi madre se le caía una lágrima, pero se tapó la cara. No supe qué hacer, inmediatamente le pedí perdón. Ella me respondió: "Es obvio, Eva, que en ningún sitio tengo mi lugar. ¿Qué hice mal para que me quieras tan poco? Lo único a lo que me dediqué durante toda mi vida fue a pensar en ustedes, en ti y en tu padre, y se creen con derecho a tratarme así porque yo procuro no hacerles daño. Hija, eres una egoísta". Después se dio la media vuelta y me dejó ahí parada con el cepillo enredado en el cabello. ¿Saben?, tenía toda la razón, me di cuenta de que era una egoísta, es más, una evacéntrica cualquiera. Pensar en mí misma es bueno, pero centrarme exclusivamente en mí, es demasiado, y eso era lo que había hecho toda mi vida. En ese momento fui consciente de lo agradecida que tenía que estar con lo bien que me habían educado mis papás, lo bonita que era gracias a sus genes, el amor que siempre me daban, mis amigas, la escuela en la que había estudiado, mi salud. En suma, me di cuenta de que era una malagradecida con la vida y que me estaba dando el lujo de menospreciar los problemas de mi madre y de otras personas con problemas mayores. Después del trabajo invité a mi mamá a cenar y me contó lo triste que estaba por la separación, lo sola que se sentía y que estaba intentando sacar fuerzas de todo; se había dado cuenta de que ya no podía más, que la vida había podido con ella. La abracé y lloramos juntas: "Mamá, no te preocupes, ya verás que unidas salimos de esta. Eres una gran mujer: valiente, libre e independiente; además, los hombres son unos brutos... son los que diseñan las casas, ¡si no los clósets serían más grandes!

Ese momento fue un punto de no retorno. Seguí pensando en mí, pero dejé de ser egocéntrica, no se trataba de resolver los problemas de mi mamá, eso no estaba en mis manos, pero debía asegurarme de que ella supiera que podía contar conmigo. Curiosamente, a los seis meses mis papás volvieron y decidieron empezar de nuevo, llevar una vida más relajada fuera de la ciudad y realizar los viajes que siempre soñaron. Obviamente, sus planes no me incluyeron y me quedé sola en el departamento, el cual se me hizo demasiado grande, añoraba hasta los botes de cremas cosméticas de mi mamá. Cuando mamá regresó con papá, su estilo Madonna no cambió, incluso se volvió más radical dejándose las raíces oscuras. Mi padre estaba encantado porque era la envidia de sus amigos.

En cuanto a mi vida personal también me han quedado muchas cosas por contar, pero te voy a hacer una lista rápida: no padezco de síndrome premenstrual como la Moji, pero mis repentinos cambios de humor son constantes y los barritos siguen ahí, aunque hace años que dejé de ser una adolescente. No he conseguido dejar de sentir celos, pero al menos ahora los controlo y no intento ningún truco de magia de internet para neutralizar al resto de las mujeres que rodean a mi chico (cuando tengo uno). Todavía no he conseguido muchas cosas que me he propuesto (como ser la máxima publicista del mundo) y ha habido varios galanes que se me han resistido (¡no saben lo que se pierden!). No he encontrado al hombre de mis sueños, lo cual tiene sus ventajas, pues si lo encontrara ahora dejaría de hacer muchas cosas. Mi prima La Colador sigue igual de insoportable que siempre, pero reconozco que todavía le tengo cierta envidia por no ser tan *cool* como ella y atreverme a tomar la mochila para conocer el mundo. También me fascina ese tono despectivo con el que trata a los hombres... puede deberse a que nunca se ha enamorado o a que verdaderamente es una de las pocas mujeres fatales que quedan. Creo que lo que envidio de mi prima es su valentía, se atreve a todo... Tal vez eso es lo que me falta a mí: ser valiente... ¿qué me diría Silvia? Esta será mi última pregunta para ella.

## *Mi querida Silvia* :

**Sé que me has enseñado a tomar mis propias decisiones, ser responsable y asumir las consecuencias de lo que hago y digo. Y la verdad, creo que no lo hago tan mal, sólo que a veces siento que no me arriesgo lo suficiente para obtener lo que deseo y alcanzar mis sueños, por eso quiero preguntarte: "¿Qué debo hacer para ser valiente?"**

### La respuesta de Silvia

Mi queridísima Brave Heart o Corazón Valiente...
La valentía no se mide por las cosas arriesgadas que uno hace, si no por la capacidad de luchar contra los propios miedos. Tú eres una valiente porque has decidido afrontar tus miedos. Muchas personas se atreven a todo y en muchas ocasiones lo hacen porque son inconscientes del peligro. Eva, eres una valiente cuando decides tomar la opción adecuada y no la cómoda, eres valiente porque te atreves a denunciar aquello que te parece mal.

Quieres vivir tu vida de una manera plena, y te das cuenta de que la vida no es una cuestión de ganar siempre, sino de probar las cosas y conocer lo que te gusta y lo que no. Eres valiente porque eres idealista, porque quieres cambiar tu realidad quedándote con la parte bonita, e intentar mejorar lo negativo. Eres valiente porque en vez de ser reactiva eres propositiva. Eres valiente al enfrentar tus fallas en vez de taparlas. Todos cometemos errores en nuestra vida, lo importante es aprender de ellos, sacar la parte positiva y seguir intentando las cosas aun sabiendo que nos podemos equivocar.

Por último, céntrate en lo que tienes sin conformarte, pero estando satisfecha y disfrutándolo. Recuerda que la felicidad como tal no puede estar presente todo el tiempo, eso sólo pasa en la películas. La felicidad aparece de manera ocasional y son momentos pequeños los que dan brillo a la vida; pero la luz y el color dependen de nosotros, los pequeños trocitos de alegría y de hermosura los creamos nosotros.

En mi opinión todavía te falta tener un mejor paladar para saborear los instantes gratos que da la vida. Es como con el vino: al principio no gusta, pero después lo saboreas poco a poco, disfrutando todos los matices. Aprende a gozar las conversaciones, las comidas, los paisajes, los olores, los encuentros inesperados, el mar, la montaña, la música, la familia. Yo por mi parte disfruté y aprendí mucho de ti. Gracias, Eva.

Con cariño,

*Silvia*

Silvia Olmedo es psicóloga especializada en promoción de la salud y relaciones de pareja. Además de en la Universidad Autónoma de Madrid, estudió en Ámsterdam y Leipzig. Se dedica a impartir conferencias en universidades, empresas, escuelas y organizaciones sociales; además de ser directora de una empresa de investigación social y de salud, en la que reúne el material sobre los temas que presenta a la audiencia. Es conductora de dos programas en Telehit, dedicados a conflictos humanos y sexualidad cuyo formato, dinamismo y contenido la hacen la psicóloga preferida de los jóvenes. El lenguaje de Silvia es claro, fresco y pasional. Sin embargo, su estilo desenfadado nuca deja de lado sus principios y su compromiso social.

Si deseas más información sobre Silvia Olmedo, consulta:
www.silviaolmedo.net
www.myspace.com/silviaolmedo
Si quieres ver un demo, ve a www.youtube.com y busca:
silvia olmedo demo reel